PHILOSOPHIE NATURALISTE ET SOCIALE

# La
# Nouvelle Bible

## SCIENTIFIQUEMENT
## DIEU N'EXISTE PAS

### Docteur BRISSAUD
de la Faculté de Paris

« A mes derniers moments, je ne veux
« l'assistance d'aucun ministre d'aucune
« religion, je crois en Dieu. »
VICTOR HUGO.

« A mes derniers moments, je ne veux
« l'assistance d'aucun ministre d'aucune
« religion, je ne crois pas en Dieu. »
Dʳ BRISSAUD.

ADRESSER DEMANDES ET CORRESPONDANCES
à M. BRISSAUD
151, RUE DE JAVEL — PARIS.
1906

La

# Nouvelle Bible

# La
# Nouvelle Bible

## SCIENTIFIQUEMENT
## DIEU N'EXISTE PAS

### DOCTEUR BRISSAUD
de la Faculté de Paris

A mes derniers moments, je ne veux assistance d'aucun ministre d'aucune ligion, je crois en Dieu. »

VICTOR HUGO.

« A mes derniers moments, je ne veux
« l'assistance d'aucun ministre d'aucune
« religion, je ne crois pas en Dieu. »

Dr BRISSAUD.

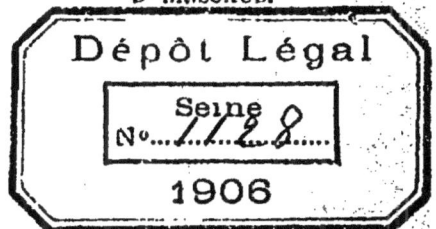

ADRESSER DEMANDES ET CORRESPONDANCES

à M. BRISSAUD

151, RUE DE JAVEL — PARIS

1906

# DÉDICACE

## JE DÉDIE

## CE LIVRE

## A LA

## MAÇONNERIE

QUI PROTESTE AVEC RAISON, CONTRE
TOUTES LES RELIGIONS,
MAIS QUI A LE TORT D'ADMETTRE UN GRAND ARCHITECTE
DE L'UNIVERS.

# Ma Naissance.

Le 19 octobre 1829, mon père, mon brave père, arracha d'une aile de canard une plume aux reflets émeraude, la trempa dans du vin nouveau et la passa sur la langue d'un petit animal qui venait de naître, en prononçant ces paroles sacramentelles : *Gallus esto.*

Cet animal, c'était moi.

Il y a trente ans, mon père est mort comme meurent les Gaulois, subitement, à quatre-vingts ans, d'une hémorrhagie cérébrale, ses artères n'étaient plus assez solides pour contenir son sang toujours jeune.

Lorsqu'il fut si brutalement frappé, il porta la main à son front en s'écriant : Holà ! ma tête ! mes enfants... et tout fut fini.

J'en pleure encore aujourd'hui.

A mes heures d'insomnie, je songe avec douleur que, ses enfants morts, mon père sera ignoré de tous les êtres à venir.

Pas un mot, pas une note, qui retrace son esprit.

C'est sous cette impression que j'ai commencé ce livre, pour que mes enfants n'aient pas le même regret.

DOCTEUR BRISSAUD.

Paris, 1er janvier 1900.

# Mon But.

L'expérience de la vie m'ayant appris que l'idée d'un Dieu, Créateur de la matière et Récepteur de l'âme immortelle, est funeste à l'Humanité et la Science me démontrant que cette idée est fausse, attendu que la matière n'a pas été créée et que l'âme n'est que la manifestation des propriétés de la matière organisée dans le cerveau; que ces propriétés cessent dès que la vie a cessé dans cet organe, mon but est de démontrer scientifiquement que Dieu n'existe pas.

Si cette idée était vulgarisée par l'instruction dans les écoles, nous verrions bien vite disparaître toutes les religions qui n'ont pas d'autres bases que l'idée de Dieu; la Morale sociale prendrait bien vite la place de la Morale religieuse, qui n'est que la Morale sociale enseignée au nom de Dieu qui n'existe pas.

# Ma dernière Visite.

Deux mois avant sa mort, je serrais la main de Victor Hugo, cette main qui devait si vite se refroidir pour jamais.

J'étais dans le sanctuaire et j'interrogeais l'oracle :

DEMANDE : Croyez-vous à la durée de la République?

RÉPONSE : La forme républicaine est définitive en France, personne ne pourra rien contre elle, pas même les républicains.

DEMANDE : Vous croyez donc aux Etats-Unis d'Europe?

RÉPONSE : Ce sera l'affaire du vingtième siècle, je vous le certifie.

La prophétie se réalisera.

DOCTEUR BRISSAUD.

# Prologue.

---

> « A mes derniers moments, je
> « ne veux l'assistance d'aucun
> « ministre, d'aucune religion.
> « Je crois en Dieu. »
> VICTOR HUGO.

> « A mes derniers moments, je
> « ne veux l'assistance d'aucun
> « ministre, d'aucune religion.
> « Je ne crois pas en Dieu. »
> DOCTEUR BRISSAUD.

Voilà deux hommes en contradiction absolue.

L'un est un Pygmée, un Moucheron, un ver de terre, destiné à disparaître totalement de la mémoire des hommes, dès que son évolution sera terminée.

L'autre est un Géant, un Mastodonte, un Cratère, qui vivra plus qu'Alexandre, qui vivra plus que Jésus-Christ, qui vivra plus que Napoléon, parce que de sa tête gigantesque sont sortis des flots d'idées qui sont l'étonnement du penseur et qui féconderont dans une immense mesure les couches de l'avenir.

De quel côté est la vérité?

2

J'ai soixante-dix ans. Ce n'est qu'à trente-cinq ans que j'ai commencé à comprendre Victor Hugo, et encore aujourd'hui, quand je ne saisis pas l'idée de cet immense penseur, je passe en me proposant d'y revenir, peut-être n'ai-je pas encore assez vécu.

Sentez-vous quel coup de massue a reçu ma pauvre cervelle quand j'ai lu, comme dernière parole de ce géant expiré, ces quatre mots : *Je crois en Dieu?*

Quel besoin Victor Hugo avait-il de clore son existence par ces mots : *Je crois en Dieu?*

Depuis sa mort, je me pose cette question, et voici ma conclusion réfléchie :

Cet homme aimait passionnément ses semblables.

Qu'y a-t-il de plus beau, en effet, que ces conceptions religieuses, qui font dériver les hommes d'un Etre parfait, près duquel ils feront retour, pour être éternellement bienheureux, en compensation des maux supportés sur la terre? Que faut-il pour cela? Obéir!

Qu'y a-t-il de plus beau que cette espérance ouverte sur toutes les hontes, sur toutes les misères, sur tous les crimes, sur toutes les infamies, qui disparaissent sans laisser de trace si le coupable se repent.

Sentez-vous la grandeur de l'idée qui fait dépendre le salut éternel de la volonté de l'Individu !

« Obéis à ma loi ; si tu manques d'obéir tu n'as qu'à te repentir pour revenir à ta divine origine. »

O sublimité de l'idéal! O prodige de conception !

Pourquoi ma raison me dit-elle qu'il ne peut pas être ainsi ! Pourquoi n'être pas resté ignorant et croyant.

Victor Hugo n'a pas raisonné ; il s'est demandé si cette interprétation des faits n'était pas profitable aux hommes, ses frères, et devant l'affirmative, il a posé le principe en rejetant les conséquences, il a admis Dieu en repoussant ses prêtres.

Telle est l'explication des quatre derniers mots de son testament.

Cette parole a sa gravité. Qu'un vulgaire vivant affirme l'idée d'un Dieu créateur de la matière et récepteur de l'âme immortelle, sans raisonnement, sans preuves, parce que tels sont ses instincts ou ses aspirations, c'est à laisser froid le penseur et le savant qui ne voient là qu'une manifestation de l'erreur et des faux milieux faisant illusion à des êtres sans culture ; mais qu'une intelligence de cette envergure ait livré un tel argument aux discoureurs de l'avenir, c'est grave, et une telle affirmation tombant de cette bouche peut être regrettée.

Et d'abord Victor Hugo ne se trompait-il pas en croyant les religions plus utiles que nuisibles aux hommes en société ?

Si l'on établit la balance du bien et du mal que font les religions dans toutes les contrées de la terre, on en arrive à établir que la somme du mal l'emporte sur celle du bien et que presque partout c'est un moyen d'exploiter les simples au bénéfice des intrigants et des roublards, c'est-à-dire des parasites qui vivent du travail des autres.

Ne voyons-nous pas presque partout le chef d'Etat être en même temps chef de religion (théocratie et autocratie vont ensemble).

C'est donc manquer de respect à Dieu que de discuter les actions d'un chef d'Etat, et vous savez aussi bien que moi que presque partout les chefs d'Etat sont des .... névrosés.

Le chef d'Etat se double de prêtres, de juges, d'hommes d'armes, de bourreaux qui entraînent dans leur orbite quantité d'autres individus ayant le même intérêt que le chef à maintenir sous leur dépendance tout ce qui, de près ou de loin, n'appartient pas à l'Administration et n'est pas salarié par l'Etat, c'est-à-dire toute la classe des travailleurs intellectuels et manuels.

Voyez-vous d'ici l'oppression? On vous prive de votre vie ou de votre liberté si vous ne saluez pas le roi, si vous ne saluez pas le chapeau du roi, si vous ne payez pas l'impôt de sang et d'argent fixé par le roi, si vous mangez ou si vous travaillez en dehors du bon plaisir du roi, si vous ne déclarez pas tout ce que vous avez fait quand le veut le roi, et si vous résistez, les prêtres, les juges, les hommes d'armes sont là pour vous ramener au respect de l'autorité supérieure qui vient de Dieu.

Il faut y avoir longuement réfléchi pour comprendre tout ce que ce système entraîne de scélératesse et de misère.

Je crois donc les religions plus nuisibles qu'utiles à l'homme en société, mais, quand même elles seraient plus utiles que nuisibles, je serais dans l'impossibilité de les admettre si la science me prouve la fausseté du principe sur lequel elles reposent, et la science le prouve au delà.

Donc, il ne m'est pas possible d'admettre un Dieu créateur de la matière, parce que la science me dit que c'est une impossibilité.

Le principe admis, c'est l'écroulement de tout l'édifice autoritaire.

# Origines.

Dès que l'homme est en présence des grands phénomènes de la nature, dès qu'il voit la nuit s'éclairer de myriades d'astres lumineux, dès qu'il voit le soleil se lever flamboyant à l'horizon, sa lumière et sa chaleur former la plante, peindre la fleur, mûrir le fruit, il se demande quelle peut être la cause de toutes ces merveilles et comme il se reconnaît impuissant à les produire, sa tendance naturelle le porte à admettre un être plus puissant que lui.

Mettez l'homme le mieux trempé en présence d'une éruption volcanique, de ces torrents de lave qui s'écoulent comme des flots de feu du centre de la terre, de ces oscillations variées qui frappent de stupeur et sollicitent à chercher un refuge on ne sait où; faites-le assister à ces terribles ouragans des tropiques où l'éclair, le vent, l'eau, le tonnerre combinent leurs efforts pour tout dévaster; lancez-le sur l'immense Océan lorsque les vagues s'avancent sur son frêle esquif, hautes comme des montagnes en poussant des hurlements de bêtes inconnues, et dites-moi s'il n'appellera pas à son aide un être supérieur maître de tous ces phénomènes, les préparant et les dirigeant au gré de ses caprices ou de ses colères;

et s'il ne lui demandera pas de le sauver de tous ces
bouleversements,

Est-il donc étonnant qu'à toutes les époques, des
spéculateurs ou des intrigants aient cherché à tirer
bénéfice de ces tendances naturelles, pour imposer
aux peuples leur autorité et leur commandement en
se disant les prophètes de cet être inconnu et sur-
humain qui est le créateur et le maître du monde,
dont ils ont eu le contact et au nom duquel ils viennent apporter aux hommes la vérité supérieure?

Dès lors qu'il était dans l'esprit de chacun qu'un
être supérieur devait exister, dès lors qu'un homme
qui inspirait confiance disait l'avoir vu et entendu, il
n'y avait plus de raison pour ne pas adorer ce grand
être, ne pas lui élever les plus beaux temples et ne
pas diriger toutes ses actions dans le sens des commandements de celui qui était le créateur du ciel
et de la terre et qui avait indiscutablement affirmé à
l'homme sa volonté par des lois révélées.

Non seulement ces choses devaient être, mais elles
ne pouvaient pas ne pas être, et la terre viendrait
à recommencer qu'il n'en serait pas autrement. Les
situations entraînent des solutions qui s'imposent.

Bien avant la découverte de la méthode scientifique, bien avant l'intronisation de la science exacte,
des esprits supérieurs ont tenté de mettre leurs
concitoyens en défiance contre les abus d'autorité
qu'entraînaient leurs croyances naïves, mais toujours

ils ont été ridiculisés par ceux qu'ils voulaient servir,
ou persécutés par ceux dont ils tendaient à désor-
ganiser le pouvoir.

Tel est le passé.

Levons le voile de l'avenir.

En 1793, tombait sous le couperet révolutionnaire
la tête d'un homme dont les idées devaient boule-
verser le monde ancien. Heureusement, avant de
tomber, cette tête avait jeté sa semence et cette
semence, aujourd'hui en pleine germination, tend à
remplacer par la vérité scientifique toutes les conceptions, toutes les fables, tous les mensonges sur
lesquels reposait jusque-là le principe d'autorité, et
le malaise social actuel n'a de cause que la lutte
entre l'un et l'autre de ces deux principes.

Lavoisier, le sublime Lavoisier, qui avec quelques
collaborateurs a fait la révolution sociale, est mort
sous le couteau de la Révolution.

On élève des statues, on élève des colonnes, on
élève des arcs de triomphe, on élève des temples
aux scélérats qui ont fait des hécatombes d'hommes,
et le modeste citoyen qui, de son laboratoire, ense-
mence de ses idées l'avenir, pour en arriver à faire
le moins de malheureux sur la terre, est ignoré de
ceux qu'il a tant servis.

Lavoisier est inconnu du peuple. Personne ne sait
que la Révolution française n'a eu d'effets durables
que parce qu'elle a coïncidé avec la découverte de

la méthode scientifique et que cette découverte est
due au grand Lavoisier ; mais de quelle importance
est le nom de celui qui a construit la Grande Pyramide pourvu que la Grande Pyramide dure, et la
Pyramide de Lavoisier durera.

A toutes les époques, dans tous les pays, la question des origines est de toutes les questions sociales
celle qui a le plus préoccupé le monde intellectuel, et
la série des philosophes qui ont émis leurs idées sur
ce point est innombrable.

Jusqu'à Lavoisier, que nous ont appris les philosophes ? Rien ou presque rien, parce qu'ils ne pouvaient pas appuyer par des faits indiscutables leur
spéculation d'esprit, la science des combinaisons de
la matière leur faisant absolument défaut.

Ils ont bien lancé quelques aphorismes qui indi-
quaient la tendance de leur esprit, rien ne vient
de rien (*Ex nihilo nihil*), rien ne se perd, rien ne se
crée, naître ou mourir c'est un, mais ils étaient
impuissants à appuyer ces affirmations par des faits
précis, lorsqu'ils se trouvaient en présence de leurs
contradicteurs théistes.

Aujourd'hui, nous savons que la matière divisible à
l'infini remplit l'étendue sans limites, nous savons le
poids des atomes qui entrent en combinaison pour
constituer les divers corps de la nature, nous savons
que ces atomes sont invariables quelle que soit leur association, nous savons qu'ils sont insécables sous

peines de devenir impuissants, nous savons que pas un atome d'un corps en dissociation n'est perdu pour la masse générale de la matière, nous savons qu'il est aussi impossible de détruire un atome matériel que de le créer, nous savons, par l'analyse spectrale, que les soleils, les comètes, les planètes, sont des corps matériels dont les éléments ont avec les nôtres certaines analogies et, de là, nous pouvons induire que la matière infinie peuple l'étendue sans limites et est de durée infinie.

Que devient, dans ces conditions, la conception d'un être supérieur qui a créé la matière et qui doit l'anéantir ? N'est-ce pas là admettre une impossibilité, apparente pour le savant ?

Il est des choses impossibles, que les hommes d'une certaine culture d'esprit déclarent impossibles, qui ne peuvent pas être parce qu'elles sont contredites par les sciences de raisonnement. Est-il possible d'admettre que deux corps puissent occuper la même place dans l'étendue, est-il possible d'arrêter la durée, est-il possible de limiter les nombres, est-il possible de comprendre la matière impondérable ?

Évidemment non, et s'il n'est pas au pouvoir d'un être aussi supérieur que vous puissiez le supposer de faire que cela soit, laissons donc les conteurs, laissons donc les poètes chanter sous toutes les formes les Jupiter passés, présents, ou futurs, et éliminons de nos constitutions sociales tout ce qui

de près ou de loin est basé sur l'idée d'un Dieu tout-
puissant, parce que ce Dieu tout-puissant, sans s'en
douter, peut transmettre sa toute-puissance à des
exploiteurs connus sous le nom de prêtres, de rois
et de juges qui nous font sentir sa toute-puissance
en accaparant indûment le produit de notre travail
et qui souvent sauvent la société en nous privant de
notre vie ou de notre liberté.

Nous n'avons aucun autre motif d'en vouloir à
Dieu.

# L'Univers.

L'Univers c'est l'Infini, l'Infini c'est l'Univers.
Les Grecs le nommaient Pan ;
Le Dieu Pan signifiait le Dieu Tout.
Étudions l'Univers.

Il n'est pas un homme, quelque inculte qu'il soit, qui n'ait réfléchi un instant dans sa vie à la Durée infinie et à l'Etendue sans limites, Il n'est pas un homme qui puisse admettre que la minute actuelle ne sera pas suivie d'une autre minute, qu'un point de l'étendue n'est pas précédé et suivi d'un autre point, et cela indéfiniment.

Il faut être d'une instruction assez avancée pour comprendre que l'étendue est remplie de substances matérielles qui s'y meuvent d'après des lois fixes, d'après des attractions et des répulsions, d'après des expansions et des contractions qui sont déterminées par les propriétés inhérentes à la matière. L'étendue est remplie de substances matérielles qui s'y meuvent et y évoluent comme les minéraux, les végétaux et les animaux se meuvent et évoluent sur la

3

terre. Il ne peut y avoir un point vide de matière dans l'étendue. Il ne se produit que des raréfactions qui déterminent des courants.

Les trois modes de l'Infini sont donc :

**La Durée,**
**L'Etendue,**
**La Matière.**

L'Infini c'est ce qui est, ce qui ne peut pas ne pas être, ce qui n'a pas de limites, ce qui n'a pas eu de commencement et ne peut avoir de fin.

L'Infini est incommensurable puisqu'il n'a pas de limites. Pour s'en rendre un compte approximatif, l'homme a été de tout temps porté à y faire des sections et à y opérer des coupes sur lesquelles il se livre à des expériences enfantines si on les compare à la science de l'absolu.

La Durée limitée a nom le Temps.

L'Etendue limitée a nom l'Espace.

La Matière limitée a nom le Corps.

On serait tenté de croire que ces trois termes de l'infini imposent le nombre trois aux spéculations d'esprit les plus intéressantes, et nous nous demandons s'il n'y a pas là une loi qui échappe à notre intuition.

En effet, nous pouvons opérer trois coupes dans le Temps, c'est-à-dire dans la Durée limitée ; ces trois coupes sont : le Présent, le Passé et l'Avenir.

Nous constatons trois dimensions dans une coupe de l'Espace : Longueur, Largeur, Épaisseur.

Nous connaissons trois états des Corps : Solides, Liquides, Gazeux.

Les anciens, qui avaient l'intuition ouverte, professaient cet aphorisme courant : *Deus omnia fecit, pondere, numero, et mensura*. Ils appliquaient ainsi à la Durée, à l'Étendue et à la Matière les termes de leur mesure : la mesure de la Matière est le Poids, la mesure de l'Étendue est le Mètre, la mesure de la Durée est le Nombre.

Encore le nombre trois !

Une bizarrerie incroyable ! Les instruments qui servent à mesurer la Durée, l'Étendue et la Matière, comprennent trois parties : on mesure la Durée par le Pendule qui figure un point de suspension et deux oscillations, on mesure la Durée par le Compas qui présente un point d'attache et deux branches, on mesure la Matière par la Balance qui est constituée par un fléau et deux plateaux.

N'est-ce pas à faire rêver ?

Autre bizarrerie ! L'homme a d'abord cherché sur lui les moyens d'apprécier la Durée, l'Étendue et la Matière : il a apprécié la Durée par le pouls ou les mouvements isochrones ; il a apprécié l'Étendue par le pied, le pouce, l'enjambée, la coudée, la poignée, la brassée ; il a apprécié la Matière par une balance naturelle dont les bras représentent les branches et

les mains les deux plateaux, et c'est encore de cette
façon que les sauvages, dépourvus d'instruments, ap-
précient la Durée, l'Étendue et la Matière.

Autres curiosités ! La matière est organisée sous
trois apparences ou règnes : l'apparence Minérale
ou règne Minéral ; l'apparence Végétale, l'apparence
Animale ; au point de vue des réactions, elle est
Alcaline, Neutre ou Acide ; au point de vue gramma-
tical, elle est du Masculin, du Féminin ou du Neutre.
Un arbre est constitué par trois parties, le tronc,
les branches et les feuilles ; le fruit est constitué
par trois parties : l'Épisperme, le Sperme ou Albu-
men et l'Embryon ; le corps de l'animal se divise en
trois parties : le Tronc, la Tête et les Membres.

En dehors des faits de la nature, nous trouvons
que le nombre trois est le nombre de l'Arbitrage
(*Numero deus impare gaudet*), que c'est par le Triangle
qu'on limite l'Espace avec le moins de côtés, que le
Trépied réalise l'équilibre le plus simplement, qu'une
Trinité a été admise dans presque toutes les religions, que les Maçons sont des Frères trois points,
qu'il peut y avoir trois formes de gouvernement :
l'Autocratie, la Monarchie Constitutionnelle et la
République ; que la société comporte trois pouvoirs :
le pouvoir Législatif qui fait la loi, le pouvoir Judiciaire qui apprécie les actes et applique la loi, le
pouvoir Exécutif qui assure l'exécution du juge-
ment.

En vérité, n'y--a-t-il pas motif à surprise lorsqu'on constate ces répétitions du nombre trois dans l'ordre de la nature aussi bien que dans l'ordre social, et n'y-a-t-il pas là de quoi baser une magnifique superstition?

La matière remplit donc l'étendue sans limite et est de durée infinie.

La matière est-elle unique ou multiple dans ses éléments? Les corps simples que nous connaissons sont-ils l'expression la plus réduite de la matière? Ne sont-ils pas plutôt le résultat du corps le plus léger, de l'Hydrogène condensé sous des volumes de plus en plus réduits d'après les densités des divers corps? Existe-t-il un corps plus léger que l'Hydrogène qui ne serait lui-même que le résultat d'une condensation?

D'autres corps matériels simples existent-ils dans les innombrables soleils qui peuplent l'étendue?

Sur tous ces points, nous ne pouvons produire que des inductions. Cependant, comment admettre qu'il n'existe pas dans l'immensité peuplée de matière, d'autres corps que ceux que nous connaissons sur la terre?

N'est-il pas logique aussi de supposer qu'il ne doit exister qu'un seul corps matériel dont tous les autres corps ne seraient que des accumulations?

Est-il irrationnel d'admettre que l'Hydrogène peut ne pas être le plus léger des corps matériels?

3.

Mais prenons la sience au point où elle en est et voyons ce qu'est la matière telle que nous la connaissons sur la terre.

Qu'est-ce que la matière ?

**La matière est tout ce qui pèse.**

Cette définition différencie la matière des deux autres modes de l'Infini. Il est évident que la Durée et l'Étendue n'ont pas de poids.

Trois choses sont à étudier dans la matière : sa composition d'abord, sa forme et ses propriétés. Ce qu'on dénomme force n'est que la manifestation des propriétés de la matière.

En décomposant les corps matériels jusqu'à la limite du possible, on a réalisé jusqu'à ce jour soixante-dix corps simples, solides, liquides ou gazeux qui résistent à une décomposition plus avancée et que pour cette raison on désigne sous le nom de corps Simples ou Élémentaires.

L'Hydrogène, le Soufre, le Fer sont des corps simples.

Les corps simples en se combinant entre eux produisent les corps composés. Ces combinaisons obéissent à des lois absolues et c'est toujours avec les mêmes proportions en poids et en volume que se réalisent ces combinaisons.

Ces corps simples se retrouvent toujours dans les trois règnes de la nature. En analysant une plante ou un animal, on arrive à traduire en corps simples tous les éléments qui les constituent. Ces éléments combinés en proportions diverses permettent de réaliser de nouveaux corps composés et cela indéfiniment.

Les Combinaisons de la Matière sont Infinies comme la matière.

Ouvrons ici un horizon : Dans l'ordre Minéral, la chimie en est arrivée à produire des corps nouveaux presque à discrétion, et le nombre des combinaisons prévues et dérivant des lois de la matière est incalculable. Sans la moindre exagération, on peut dire qu'il est facile de produire des corps nouveaux à discrétion.

Dans l'ordre Végétal, les croisements sont moins faciles que dans l'ordre Minéral, mais on arrive cependant à de nombreux résultats.

Dans l'ordre Animal, les croisements, c'est-à-dire la création de genres et d'espèces nouvelles, est presque insignifiant, les expériences étant très difficiles et les sujets s'y prêtant difficilement.

Eh bien, il est facile d'affirmer que les combinaisons de la matière sont infinies aussi bien dans l'ordre Minéral que dans l'ordre Végétal et dans l'ordre Animal, c'est-à-dire qu'on croisera des genres et qu'on créera des espèces à discrétion, qu'on passera sans transition de la matière minérale à la matière organique, qu'on passera de la plante à l'animal, et que les divers animaux, par des croisements artificiels, produiront des espèces à l'infini.

Les Forces ou Propriétés de la matière sont Une puisqu'elles peuvent se transformer les unes dans les autres par raison d'équivalence. Le mouvement peut se transformer en Chaleur, en Électricité, en Lumière, en Affinité Chimique, en Son et *vice versa*. La science est affirmative à ce sujet. Cette raison de la transformation intégrale des forces les unes dans les autres par raison d'équivalence, ne prouve-t-elle pas que la matière est une et que ses combinaisons sont infinies?

Posons ici la grosse question de la circulation de la matière dans les trois règnes, Minéral, Végétal, Animal, et recherchons s'il existe des transitions apparentes d'un règne à l'autre. Il est évident qu'à un moment donné de la durée, la terre était constituée par de la matière minérale à l'état de fusion ignée et de vapeur ou de gaz à un haut dégré de température; donc les végétaux et les animaux n'existaient pas. Les Végétaux et les Animaux proviennent donc de la matière minérale.

A quel moment de la durée la matière minérale s'est-elle transformée en matière organique? Ce qui s'est passé à une autre époque se passe-t-il de nos jours? Telle est la grosse question qui a été débattue depuis que les hommes discutent.

Si nous ne voyons pas bien à quel moment la matière minérale passe à l'état de matière végétale et animale, nous sommes toutefois sûrs d'un fait; c'est que nous faisons passer avec la dernière facilité la matière végétale et animale à l'état minéral, et cela par cent moyens divers.

Il suffit d'incinérer une plante ou un cadavre pour faire disparaître toute trace d'organisation et réduire à l'état minéral solide, liquide ou gazeux tout ce qui constituait l'animal ou la plante. Si nous prenons deux matras chauffés au rouge et que nous jetions dans l'un une matière végétale et dans l'autre une matière animale, nous constatons que du premier se dégagent entre autres produits des vapeurs d'acide Acétique et du second des vapeurs Ammoniacales. On constate le fait en posant au-dessus du matras des papiers de tournesol rouge et bleu.

Ceci dénote un fait : que les matières végétales sont constituées par du carbone, de l'hydrogène et de l'oxygène ; que les matières animales sont constituées par du carbone, de l'hydrogène, de l'oxygène et de l'azote.

Eh bien, il est facile, en associant des corps simples, d'obtenir artificiellement des produits tertiaires et quaternaires qui donnent la même réaction que les produits végétaux et animaux, et on classe ces produits dans la catégorie des produits organiques.

Voilà donc deux faits parfaitement acquis : nous pouvons produire des composés organiques qui, par leur destruction, donneront de l'acide acétique et de l'ammoniaque.

Donc, au point de vue de la matière élémentaire, il n'y a nulle différence entre les produits organiques et les produits organisés. Nous pouvons produire des composés organiques qui auront exactement la même composition et les mêmes propriétés chimiques que les produits organisés fournis par la nature et les corps résultant de leur décomposition sont identiques.

Insistons encore sur ces faits qui ont une importance très considérable. Si nous mettons dans un tube d'essai une matière animale, de la colle de poisson, par exemple, et que nous portions ce tube au rouge sombre, nous obtenons un abondant dégagement de vapeurs qui bleuissent un papier de tournesol rouge. Si nous mettons dans un tube d'essai une matière végétale, des fibres de lin, par exemple, nous obtenons un abondant dégagement de vapeurs qui rougissent le papier de tournesol bleu.

Autre fait : nous pouvons constituer avec du carbone, de l'hydrogène et de l'oxygène, un corps analogue aux matières organiques végétales, l'Alcool, par exemple, et si nous faisons traverser à cet alcool de la mousse de platine, nous le transformons en acide acétique ; nous pouvons constituer avec du carbone, de l'hydrogène, de l'oxygène et de l'azote, un produit animal, l'Urée, qui, chauffée en présence de la potasse, donne de l'ammoniaque.

Donc nous pouvons produire artificiellement des

corps qui donnent les mêmes produits de décomposition que les matières végétales et animales provenant de la vie animale ou végétale, et ces corps ont
une analogie complète.

Voilà donc acquis des faits d'une grande importance. Au point de vue de la dissociation, les matières organisées d'origine végétale et animale sont
absolument comparables aux produits artificiels fabriqués avec des corps simples provenant de la matière minérale.

Voyons maintenant s'il en est de même de la formation de ces produits et s'il est possible de fabriquer avec de la matière minérale des produits organisés, végétaux et animaux.

Ici nous constatons notre impuissance; jusque-là
la science n'a pas réussi à faire ce que font les activités vitales, elle n'a pas pu créer un germe capable
de croître comme l'embryon, elle n'a pas pu créer un
fœtus de la plus infime série animale; mais, cette
impuissance n'est qu'apparente et nous allons constater que les choses se passent dans la série organisée comme dans la série inorganique, que les
corps organisés ne se sont pas produits à une
époque spéciale, qu'ils se produisent constamment,
qu'il n'existe pas, à proprement parler, de germes
préexistants, que la circulation de la matière se fait
de la même façon dans les trois ordres et que tout
notre savoir consiste à opérer des variations sur les

combinaisons de la matière dans ces trois ordres.

Et d'abord constatons ce fait que nous ne produisons pas plus les atomes que leur groupement initial, que c'est la nature qui se charge de ce soin et que nous n'opérons que sur des groupements d'atomes. Ainsi nous constatons que le carbone est tétratomique, mais nous ne pouvons pas plus produire un atome de carbone que combiner ses quatre atomes. Nous sommes impuissants à produire du carbone, c'est la nature qui nous le fournit, nous ne pouvons opérer sur la matière que lorsqu'elle est arrivée à un certain degré de combinaison première.

Eh bien, ce qui se passe pour la matière inorganique se passe exactement de même pour la matière organisée. Nous ne pouvons pas produire ses combinaisons premières, nous ne pouvons pas plus produire une cellule que combiner entre elles les premières cellules, c'est la nature qui se charge de ce soin et nous ne pouvons opérer que sur les combinaisons premières de la matière organisée.

Il en est de la cellule de la matière organisée comme il en est de l'atome de la matière inorganique, nous sommes aussi impuissants à produire l'un que l'autre, et de même que nous opérons sur des corps simples en chimie inorganique, nous opérons sur des corps simples en chimie de matière organisée.

Qu'y a-t-il d'étonnant à ce que nous ne puissions pas produire une cellule puisqu'il est évident que nous ne pouvons pas produire un atome, qu'y a-t-il d'étonnant à ce que nous ne puissions pas produire un embryon puisqu'il nous est impossible de produire un corps simple!

Les combinaisons premières de la matière inorganique aussi bien que celles de la matière organisée sont incessantes. Bien qu'elles échappent à nos moyens d'investigation, il est impossible de les nier et de ne pas constater que nous sommes impuissants à les produire, aussi bien que nous sommes impuissants à produire la matière; notre rôle se réduit à prendre la matière inorganique ou organisée à un certain point de combinaison pour en former des combinaisons nouvelles dont nous étudions les propriétés et dont nous fixons les lois.

Une cellule est comparable à un atome; une première combinaison de cellules est comparable à un corps simple, qui est un premier groupement d'atomes; ce qui existe pour les atomes existe pour les cellules; donc l'existence de la matière organisée n'est pas plus étonnante que celle de la matière inorganique.

Résumons ces faits si importants :

Il s'agit de démontrer que les activités de la matière n'ont rien de plus surprenant dans l'ordre végétal et animal que dans l'ordre minéral, que nous ne faisons que constater ces activités, que les propriétés inhérentes à la matière n'ont rien de plus

surprenant chez les animaux que chez les végétaux
et les minéraux, qu'enfin nous ne sommes que des
artistes qui pouvons faire varier ces propriétés en
variant les combinaisons de la matière, mais que
nous sommes impuissants à créer la matière aussi
bien que ses premières combinaisons.

Si nous dissolvons du Bi-tartrate de potasse dans
de l'eau chaude et que nous portions sous l'objectif
du microscope une goutte de cette solution, nous
voyons se former sous nos yeux une quantité considérable de prismes droits à base carrée enchevêtrés
les uns dans les autres.

Si nous dissolvons dans l'eau du Chlorure de so-
dium et que nous portions sous l'objectif du microscope une goutte de cette solution, nous voyons se
former sous nos yeux une quantité considérable de
cubes.

La matière est-elle intelligente pour former ces
corps réguliers ? Pas le moins du monde, ce sont là
des propriétés de la matière et nous ne faisons que
le constater.

Il en est exactement de même des formes végétales
et animales. Chaque corps prend une forme qui lui
est spéciale, et il nous est aussi difficile d'expliquer
la formation d'un cristal que la formation d'une
plante ou d'un animal. Il n'y a là que des modes
divers produits par des différences de point de
départ.

Nous nous expliquerons ultérieurement sur ce qu'on entend par Phénomène de la Vie. Constatons pour le moment que la matière n'a pas été créée, qu'elle est un des trois termes de l'Infini et que les différents aspects sous lesquels nous la voyons ne sont que des formes propres à la matière placée dans des milieux déterminés et dans des conditions spéciales de constitution.

Une objection : Pourquoi la nature ne présente-t-elle pas de nouvelles formes végétales et animales? Pourquoi, depuis les temps historiques, voyons-nous toujours les mêmes plantes et les mêmes animaux? Ceci n'implique-t-il pas que les germes primordiaux ont été créés? Et d'abord il n'est pas vrai que la nature ne présente pas de formes nouvelles, beaucoup d'espèces végétales et animales sont constatées dans les différents étages géologiques qui ont disparu de la terre. Dans les terrains primaires et secondaires, on ne trouve pas de trace des animaux et des végétaux actuels, parce que leurs conditions d'existence n'étaient pas réalisées.

Il en est exactement de même des minéraux; les roches des différents terrains ne sont pas les mêmes et la chimie a créé nombre de combinaisons que n'avait pas formées la nature.

La nature ne fait pas tout; la nature ne fait pas bien tout ce qu'elle fait. L'intelligence et le travail de l'homme peuvent y apporter des modifications et

des améliorations, et c'est ce qui constitue la science,
la science qui, heureusement pour l'humanité, ne
laissera pas un lambeau des croyances spiritualistes
aussi bien des temps anciens que de nos jours.

# Le Soleil.

## Le système du Soleil.

L'Univers c'est l'Infini. L'homme, de loin en loin, enregistre quelques minces détails de cet Infini pour en tirer profit et les utiliser à l'amélioration de son état transitoire sur la Terre.

L'homme a donc le plus grand intérêt à étendre la somme de ses connaissances de l'Univers, et c'est le but de tous les efforts de l'intelligence des savants.

Voyons ce que nous savons de l'Univers.

La lumière et la chaleur nous viennent du Soleil qui est l'étoile incandescente de notre système planétaire. Toutes les autres étoiles incandescentes qui peuplent l'étendue sont des centres planétaires comparables au nôtre et ayant comme le nôtre des satellites qui ont leurs satellites.

Notre étoile, notre Soleil, est la source de la lumière et de la chaleur sur la Terre. Le Soleil c'est la vie, sans Soleil toute activité végétale et animale cesserait. C'est donc par le Soleil qu'il convient, pour nous, de commencer l'étude de l'Univers. Un habitant

4.

d'une planète du système de Sirius commencerait par Sirius.

Qu'est-ce que le Soleil?

Notre Étoile, notre Soleil, est un globe matériel, lumineux, incandescent, qui roule autour de son axe comme une roue suspendue roule sur son essieu.

Il est le point central d'un système qui a nom « Système du Soleil »; toutes les planètes, toutes les comètes de ce système tournent autour du Soleil avec des rayons variés, comme notre Soleil, toutes les étoiles ont leur système dont elles sont le centre invariable.

Quelle est la matière qui constitue le Soleil?

Pour en faire l'appréciation, nous devons tour à tour nous servir des données de l'expérience et des spéculations du raisonnement qui se rapprochent le plus de la certitude.

Par l'analyse spectrale, nous constatons qu'il existe dans le Soleil divers corps que nous connaissons sur la Terre. On a la certitude qu'il existe dans le Soleil, à l'état gazeux, du fer, du titane, du calcium, du manganèse, du nickel, du chrôme, du baryum, du potassium, du cuivre, de l'hydrogène, de l'oxygène. On n'a pas pu jusqu'ici y découvrir l'or, l'argent, l'antimoine, le mercure, mais il ne saurait y avoir aucune incertitude à ce sujet, tous les corps que nous trouvons sur la Terre existent dans le Soleil, puisque la Terre n'est qu'un fragment du Soleil.

Tous les corps que nous trouvons sur la Terre se

trouvent dans le Soleil, mais à des états de combinaisons bien différentes en raison de l'énorme température de ce milieu, et il est hors de doute que
tout y est à l'état gazeux, même les corps les plus
réfractaires. On élimine donc d'un coup l'idée qu'il
peut exister dans le Soleil des corps sous l'apparence
végétale et animale comme sur la terre.

La température la plus élevée que nous puissions
produire dans nos fourneaux les mieux agencés ne
dépasse pas 3.500 à 4.000 degrés centigrades. Nous
pouvons apprécier les réactions qui se produisent sur
les corps à cette température; mais il n'en est pas
de même dans un milieu où la température peut être
de 10 millions de degrés, d'après les inductions du
père Secchi. Là, bien sûr, les corps les plus fixes
sont vaporisés, tous les corps réductibles sont réduits, et cette masse gazeuse est formée de couches
superposées d'après les densités des divers corps qui
la constituent.

Ce fait peut se déduire scientifiquement de la densité comparée du Soleil et de la Terre. La densité de
la Terre étant 1, la densité du Soleil est 0,253.

Figurons-nous donc une masse gazeuse globulaire
1.279.277 fois plus volumineuse que la Terre et rou-
lant sur son axe avec une vitesse vertigineuse. Il
arrive ceci : de la ligne équatoriale de cette sphère
de vapeurs se détachent constamment des particules
globuleuses qui sont lancées dans l'espace qui cons-

titue le système du Soleil, ce sont des bolides ou
aérolithes qui, pendant leur course, de gazeux deviennent liquides d'abord et solides ensuite dès qu'ils
entrent dans le rayon d'attraction d'une planète.
Souvent, nous en voyons parcourir l'espace avec
une vitesse vertigineuse à l'état de globe incandescent.

Où ils se divisent à l'infini et deviennent pulvé-
rulents, ou ils vont heurter la planète qui les attire
et se fixent à sa masse. C'est ainsi que nous constatons sur la Terre la chute de nombreux aérolithes
qui viennent augmenter son volume et nous fournissent de précieuses indications sur leur provenance
d'après leur composition. On trouve sur la surface de
la Terre des masses de fer métallique pesant jusqu'à
quinze et vingt mille kilogrammes et la tradition est
que ces masses sont tombées du ciel à la suite d'un
grand feu. Or, le fer métallique est tellement oxydable
que la géologie ne nous en révèle pas de spécimens
dans la Terre. Tout le fer y est à l'état d'oxyde, de
sulfure ou de carbonate, donc ce fer est venu d'un
milieu ou le fer métallique doit exister.

Ce milieu, c'est le Soleil.

Les bolides viennent du Soleil pour ces raisons
qu'ils sont incandescents et qu'ils contiennent souvent du fer métallique, qu'on ne trouve pas dans la
terre. Ils viennent du Soleil parce qu'on trouve à l'a-
nalyse chimique, dans ceux qui ne contiennent pas de

fer à l'état métallique, tous les corps que l'analyse spectrale constate dans le Soleil.

Ces bolides se produisent-ils à la suite de grandes éruptions solaires ? Se sont-ils détachés dans leur parcours de bolides plus volumineux ? Nous n'en pouvons rien savoir, l'observation étant muette à ce sujet.

A côté des bolides, que sont les étoiles filantes ? Nous l'ignorons absolument, l'expérience ne nous apprenant rien à ce sujet ; mais il est très probable que ce sont des bolides n'appartenant pas au système de notre Soleil et se détachant des nombreuses étoiles, comme les aérolithes se détachent de la nôtre. Ce sont des bolides qui n'appartiennent pas au système du soleil et qui ne tombent jamais sur les planètes de ce système.

A une époque très reculée dans le passé, d'autres bolides se détachaient de la masse de notre soleil, mais ces bolides avaient un autre volume que ceux d'aujourd'hui, ils s'appelèrent la Terre, Mars, Jupiter et constituent notre système planétaire actuel.

D'après toutes les probabilités, ce sont les planètes les plus éloignées qui se détachèrent les premières de la masse globulaire du Soleil.

Les planètes du système du Soleil, classées d'après leur ordre de rapprochement du soleil, sont :

Mercure,
Vénus,

La Terre,
Mars,
Petits astéroïdes,
Jupiter,
Saturne,
Uranus,
Neptune.

Tous les autres soleils ont très probablement leur système planétaire comme le nôtre, mais leurs planètes échappent à notre observation.

La Terre, comme toutes les planètes, est donc un fragment matériel qui s'est détaché du Soleil à un moment très éloigné dans la durée.

La Lune, satellite de la Terre, est un fragment matériel qui s'est séparé de la Terre lorsqu'elle était encore à l'état fluide, liquide ou gazeux.

Après avoir constaté que la matière existe sous des formes diverses dans l'Univers, portons notre examen sur ce que peut être la matière dans l'Univers.

# La Terre.

## Apparition des animaux et des végétaux.

Il y a longtemps, bien longtemps, des milliards d'années peut-être, une masse gazeuse incandescente se détacha de la ligne équatoriale du Soleil et se mit à tourner sous la forme globulaire, d'un mouvement de translation autour de l'astre d'où elle provenait.

Cette masse gazeuse, incandescente, globulaire, était la Terre.

C'est de cette façon que se sont formées toutes les planètes qui gravitent autour du Soleil.

Quelle pouvait être la nature de cette masse gazeuse? Evidemment elle devait être constituée des mêmes éléments que l'astre d'où elle provenait, de même que toutes les autres planètes appartenant au système du Soleil.

Supposons donc une masse gazeuse, incandescente, globulaire, dont tous les éléments étaient à l'état de gaz ou de vapeur et qui circulait autour du Soleil.

A quelque temps de là, lorsque la Terre était encore à l'état de fluide incandescent, une masse globulaire se détacha de sa ligne équatoriale et constitua la Lune qui se mit à tourner autour de la Terre de même que la Terre tournait autour du Soleil.

Pourquoi ces masses gazeuses étaient-elles à l'état globulaire et pourquoi tournèrent elles autour du soleil? Parce que c'est là une loi générale de la matière qu'on démontre expérimentalement.

L'huile est plus légère que l'eau, plus lourde que l'alcool. Si l'on fait un mélange approprié de ces deux liquides, l'huile qu'on y verse se forme en globe de la grosseur d'une orange, reste en suspension au milieu du liquide et si on traverse cette masse globulaire avec une aiguille on peut imprimer un mouvement de rotation à la masse d'huile sans mettre en mouvement le liquide dans lequel elle est plongée. Le globe huileux tourne et l'on remarque qu'il s'aplatit aux deux pôles et se renfle à l'équateur.

Si le mouvement révolutif est plus accentué, on voit se détacher de la ligne équatoriale du globe d'autres globes huileux qui suivent dans son mouvement le globe générateur sans le toucher.

(Expérience de Plateau.)

C'est exactement ce qui s'est passé pour la Terre et pour toutes les autres planètes qui circulent autour du Soleil. Lorsqu'elles étaient à l'état de fluidité,

Toutes se sont aplaties aux pôles et renflées à l'é-
quateur et tous les satellites des planètes se sont
détachés de la planète principale comme la Lune de
la Terre.

L'expérimentation télescopique montre que les
planètes Jupiter et Saturne sont fortement aplaties
aux pôles correspondants à leur axe de rotation et
qu'il en est de même de toutes les planètes.

C'est la *force centrifuge* et *l'attraction* moléculaire
qui sont la loi de ces phénomènes.

Cette expérience ne prouve-t-elle pas qu'à une
époque déterminée toutes les planètes étaient à l'état
de fluidité et que peu à peu la solidification s'est
faite à mesure que se produisait le refroidissement.

Un autre fait expérimental vient encore appuyer
cette idée de la fluidité primitive de la Terre, c'est le
feu central dont témoignent les volcans, les geysers,
les souces thermales.

Essayons de forer la Terre ! Nous constatons qu'à
partir de trente mètres de profondeur, en partant du
niveau de la mer, la chaleur augmente de un degré
centigrade par trente mètres presque uniformément.
S'il était possible de pénétrer assez profondément, à
3 kilomètres au-dessous du sol, par exemple, on
trouverait l'eau bouillante à 100 degrés, à 20 kilomètres on constaterait la chaleur du fer rouge qui
est de 700 degrés, à 50 kilomètres on aurait 1,600 de-

grés, chaleur du fer en fusion, et à 100 kilomètres tous les corps connus seraient fluidifiés, sous une température de plus de 3,000 degrés centigrades.

La Terre actuelle est donc constituée par une écorce solide à la surface et par une masse de matière minérale ou métallique à l'état de fusion ignée; sur une sphère de 133 millimètres de rayon, l'écorce solide de la Terre serait de 1 millimètre, et tout le reste serait constitué par la matière en fusion ignée; probablement étagée par ordre de densité, les métaux les plus lourds, tels que le platine et l'or, se trouvant au centre à l'état de réduction.

Toutes les planètes du système solaire se sont donc détachées du Soleil, tous les satellites se sont donc détachés des planètes lorsqu'elles étaient encore à l'état fluide, et tous ces astres circulent autour du Soleil avec une vitesse variable en raison de leur éloignement.

## TABLEAU

### des distances des principales planètes au Soleil

#### EN KILOMÈTRES.

| | |
|---|---|
| Soleil ................ | 0.000.000.000 |
| Mercure............. | 59.200.000 |
| Vénus............... | 110.700.000 |
| Terre ............... | 153.000.000 |
| Mars................ | 238.100.000 |

| | |
|---|---|
| Jupiter................ | 795.000.000 |
| Saturne..... ......... | 1.459.400.000 |
| Uranus............... | 2.934.900.000 |
| Neptune............. | 4.590.000.000 |

La Terre est donc à 153 millions de kilomètres de distance du Soleil autour duquel elle fait sa révolution, tout en faisant sur son axe un mouvement de rotation diurne et nocturne qui s'opère en 24 heures.

## DURÉE DE MOUVEMENT

### de translation des principales planètes autour du Soleil

#### ESTIMÉE EN JOURS.

| | |
|---|---|
| Soleil...................... | 0 |
| Mercure.................. | 87 |
| Vénus.................... | 224 |
| Terre .... ............... | 365 |
| Mars..................... | 686 |
| Jupiter................... | 4.332 |
| Saturne.................. | 10.759 |
| Uranus................... | 30.686 |
| Neptune................. | 60.186 |

Ainsi la Terre faisant en 365 jours son mouvement de translation autour du Soleil, la planète Neptune met pour faire la même évolution 60.186 jours.

# TABLEAU MNÉMONIQUE.

*Pour les distances comparatives des planètes principales au Soleil*

DIMENSIONS DES DIAMÈTRES, LES VOLUMES ET DES VITESSES, COMPARATIVEMENT À LA TERRE PRISE COMME UNITÉ

| Planètes principales | Distances au soleil en kilomètres | Rapport avec la terre | Diamètre comparatif avec la terre | Pourtour en myriamètres | Volume comparatif Terre = 1 | Rotations diurnes (j. h. m.) | Vitesse rotative en mètres par seconde | Rapport avec la terre | Translation autour du soleil | Rapport avec la terre (années) | Vitesse de translation en mètres par seconde |
|---|---|---|---|---|---|---|---|---|---|---|---|
| Soleil.... | 0.000.000.000 | 00.000 | 108,550 fois | 432.224 | 1.279.996.000 | 25 12 00 | 1.608 | 34,63 | 0 | 0 | |
| Mercure. | 39.200.000 | 0,387 | 0,378 | 1.512 | 0,054 | 24 05 | 127 | 0,273 | 87 | 0,241 | 24.729 |
| Vénus ... | 110.700.000 | 0,723 | 0,954 | 3.716 | 0,868 | 23 21 | 309 | 0,666 | 224 | 0,620 | 17.850 |
| Terre.... | 153.000.000 | 1,000 | 1,000 | 4.000 | 1,000 | 23 56 | 464 | 1,000 | 365 | 1,000 | 15.400 |
| Mars .... | 228.100.000 | 1,524 | 0,540 | 2.162 | 0,157 | 24 37 | 244 | 0,520 | 686 | 1,900 | 11.500 |
| Jupiter .. | 795.000.000 | 5,203 | 11,160 | 44.720 | 1.389.000 | 9 55 | 11.591 | 25,000 | 4.332 | 12.000 | 6.000 |
| Saturne.. | 1.659.600.000 | 9,539 | 9,327 | 37.108 | 864.000 | 10 30 | 10.000 | 21,550 | 10.759 | 30.000 | 5.000 |
| Uranus - | 2.936.900.000 | 19,489 | 4,201 | 16.804 | 75.253 | » | | | 30.686 | 84.000 | 3.840 |
| Neptune - | 4.590.000.000 | 30,037 | 4,407 | 17.728 | 85.805 | » | | | 60.186 | 170 | 2.700 |
| Lune .... | *Distance à la terre* 390.262 | | 0,273 | 1.092 | 00.020 | 27 7 43 | » | » | 365 | 1 | » |

N. B. — Nœud ou mille = 1857 mètres = 1/60 de degré. — Lieue ancienne = 1/25 de degré = 4 kil. 444.

Le mille d'Angleterre est de 69 1/8 au degré = 1609 mètres d'où le degré = 1857 mètres × 60 = 11.142 mètres.

Densités, la Terre étant 1 (voir *Annuaire des longitudes* 1894, page 233) :

Soleil, 0.253. — Mercure, 1.173. — Vénus, 0.807. — Terre, 1.00. — Mars, 0.711. — Jupiter, 0.242. — Saturne, 0.128.

Eau 1. » 1.39 » 6.65 » 3.44 » 5.30 » 3.91 — Uranus, 0.493. — Neptune, 0.300.

Eau. » 1.07 » 1.65

Représentons-nous donc la Terre au moment où elle s'est détachée du Soleil à l'état de globe incandescent fluidifié (les faits accumulés font de cette hypothèse une certitude) et voyons comment devaient être superposés les corps qui, aujourd'hui, constituent la Terre et son atmosphère.

Les corps qui, aujourd'hui, sont encore à l'état gazeux, l'azote, le carbone, l'oxygène, occupaient évidemment la partie la plus élevée du pourtour mélangé de vapeur d'eau, car, ne l'oublions pas, toute l'eau que nous constatons aujourd'hui sur la Terre était à l'état de vapeur, tout le carbone, à l'état de corps simple, ou de combinaison, était, dans l'atmosphère, à l'état d'acide carbonique, tous les corps en fusion ignée occupaient le centre du globe, probablement étagés par ordre de densité, tous les métaux étaient à l'état de réduction, et le refroidissement se produisant de plus en plus, tous les corps se classèrent, se combinèrent d'après leurs affinités diverses, la vapeur d'eau atmosphérique se condensa et il commença à pleuvoir sur la Terre.

Il est difficile de se faire une idée de ce qui se passa à cette époque. Imaginons-nous de l'eau tombant sur une mer de fonte à l'état de fusion, immédiatement volatilisée, se condensant à nouveau, pour retomber encore et cela pendant des milliards d'années peut-être, et nous n'aurons qu'une faible idée de ce phénomène, le plus important à beaucoup près de tous ceux qui se produisirent dans la longue histoire de la formation du globe terrestre.

Enfin, l'eau commença à séjourner sur la surface de la Terre à une température de 100 degrés et comme il se produisit des déchirements dans l'enveloppe solide, l'eau pénétra dans l'intérieur et se trouva de nouveau en contact avec les matières incandescentes de l'intérieur, se volatilisa sous une énorme pression et détermina des soulèvements qui produisirent les volcans d'où s'écoulèrent d'énormes quantités de lave provenant de l'intérieur et se répandant en coulées sur la surface solide.

Enfin, les mers se formèrent, fréquemment déplacées par d'énormes soulèvements, l'eau chaude tenait en dissolution toutes les matières solubles, l'atmosphère était chargée d'énormes quantités d'acide carbonique qu'entraînaient des pluies incessantes, et c'est alors qu'apparurent sur la Terre les végétaux d'abord, les animaux ensuite, qui constituèrent la faune et la flore des divers étages géologiques que nous allons étudier.

La Terre est donc constituée : 1º par une masse centrale en fusion ignée; 2º par une couche de terrain cristallin recouvrant la masse centrale en fusion; 3º par les terrains de sédiment qui se sont déposés des eaux et qui constituent les diverses couches géologiques.

Les terrains déposés par les eaux ou de sédiment

se divisent en quatre séries qui, de bas en haut, sont désignées sous les noms suivants :

1° Terrains primaires,
2° — secondaires,
3° — tertiaires,
4° — quaternaires.

*Terrains primaires.* — Les terrains primaires, qui se sont formés dès que la vapeur d'eau a commencé à se condenser et à tomber en pluie sur la Terre, sont constitués par trois étages :

1° Terrains siluriens
2° Terrains dévonien- } *Terrains de transition.*
3° Terrains houillers.

Les deux premiers sont désignés sous le nom de terrains de transition parce qu'ils forment la transition entre les terrains d'origine ignée et les terrains d'origine aqueuse.

C'est dans ces terrains que commença à se manifester la vie végétale et animale qui ne peuvent prendre naissance qu'au sein des eaux indispensables à la constitution et à l'activité des animaux et des végétaux. On trouve dans les terrains siluriens et dévoniens de nombreux fossiles d'animaux, et dans le terrain houiller des empreintes de végétaux très caractérisées.

*Terrains secondaires.* — Tous les terrains secondaires ont été déposés par les eaux, et c'est dans ces terrains qu'on trouve traces des premiers mammifères.

Ils sont constitués par trois étages :

1° Terrain triasique,
2° — jurassique,
3° — crétacé.

Le terrain jurassique se subdivise en :

1° Système du Lias
2° Système olithique } *Terrain jurassique.*

C'est dans le Lias que se rencontre l'Ichthyosaure, Plésiosaure, le Ptérodactyle, les Gryphées arquées, les Ammonites, les Bélemnites.

La flore de cette époque était aussi riche que la faune et consistait surtout en conifères, en cycadées, en fougères, en prêles de grandes dimensions.

Le terrain crétacé se subdivise en :

1° Etage Néocomien,
2° Etage de la craie.

L'étage Néocomien, Neufchâtel (Suisse), constitue d'énormes assises de calcaire compact caractérisé par des ammonites de grandes dimensions, des bélemnites et autres céphalopodes.

L'étage crétacé est constitué par de la craie formée par l'entassement des carapaces calcaires d'animaux microscopiques.

Elle est exploitée à Meudon près de Paris, et connue sous le nom de blanc de Meudon. Là, elle sert d'assise aux terrains tertiaires.

*Terrains tertiaires.* — Les terrains tertiaires se subdivisent en trois séries :

1º Terrain Eocène ou parisien,
2º — Miocène ou falunien,
3º — Pliocène ou subapennin.

Le terrain Eocène ou parisien forme le bassin de Paris. Il est superposé immédiatement à la craie, et est formé d'abord d'argile plastique, grise, blanche, rouge, qui est exploitée pour divers usages à Issy, à Ivry, à Meudon.

Au-dessus de l'argile, vient le calcaire grossier, riche en fossiles marins, qui sert de pierre à bâtir, et qui a été retiré des catacombes de Paris.

Au-dessus vient le calcaire silicieux, renfermant des masses silicieuses reliées par un ciment calcaire qu'on trouve abondamment dans le département de Seine-et-Marne (pierre meulière, grès de Fontainebleau); au-dessus du calcaire silicieux est l'assise du gypse ou pierre à plâtre qui constitue les buttes de Montmartre, de Ménilmontant. Enfin des marnes constituées par du calcaire argileux terminent la série.

*Terrain quaternaire.* — Le terrain quaternaire, le plus récent des terrains, le terrain moderne pour ainsi dire, bien qu'il date de plusieurs milliards d'années, n'est intéressant que par l'apparition de l'homme. C'est seulement dans les terrains quaternaires qu'on trouve les débris du squelette humain et

surtout de nombreux spécimens de silex taillés qui
constituaient des instruments d'attaque ou de défense, ou d'outils appropriés aux divers besoins de
l'homme primitif.

La température du sol s'étant considérablement
abaissée en raison de l'éloignement du feu central,
l'acide carbonique de l'air ayant diminué dans une
grande mesure en raison de la formation des calcaires et des charbons, toutes traces de l'organisation animale et végétale des périodes antérieures
disparaissent et on ne trouve plus à l'époque quaternaire que des contemporains de l'homme parmi lesquels le renne, l'élan, l'auroch, le mammouth, le
rhinocéros laineux, l'ours des cavernes, le grand
chat des cavernes, l'hyène des cavernes et de nombreux ruminants.

Ainsi donc, les diverses périodes géologiques sont
caractérisées par des minéraux, des végétaux et des
animaux qui disparaissent d'une période géologique
à l'autre parce que les conditions de leur existence
se sont transformées, et c'est à l'aide de ces témoins
qu'on a pu classer les différents étages terriens jusqu'aux terrains quaternaires dans lesquels on constate pour la première fois les traces authentiques de
la présence de l'homme, soit par des squelettes, soit
par des instruments façonnés ayant servi à ses besoins.

# L'Homme primitif.

---

## Son évolution.

L'état avancé de la science anthropologique actuelle permet d'affirmer que l'homme descend par transformisme des grands singes anthropoïdes dont on trouve les squelettes pendant toute la période tertiaire dans les formations Éocène, Miocène et Pliocène et que son apparition correspond au commencement de la période quaternaire.

Des raisons puissantes font admettre que l'homme a eu pour patrie primitive un continent qui occupait la place de tout l'Océan Indien et reliait les Iles de la Sonde à Madagascar et à l'Afrique orientale.

Ce continent a été désigné sous le nom de Lemurie. C'est donc en Lemurie qu'aurait été le berceau du genre humain parce que c'est là qu'on rencontre dans les terrains tertiaires les grands singes anthropoïdes disparus, qui par des transformations lentes et successives sont passés de l'homme pithécoïde privé de la parole à l'homme doué de la parole, et c'est à la période quaternaire que le singe anthropoïde disparaît et que l'homme primitif fait son apparition sur la terre.

Gardons-nous de croire que l'homme doué de la parole a fait son apparition de prime saut, par le fait d'une création instantanée. Comme toutes les espèces végétales et animales, l'homme provient d'ancêtres qui, par des évolutions dues à des causes diverses, ont modifié son organisme et la science remonte la série des transformations jusqu'au proto-organisme mononucléaire qui a été l'origine de chaque espèce.

Ainsi se poursuivent d'organisme en organisme les modifications anatomiques qui se sont produites depuis les monères des terrains siluriens jusqu'à l'homme de notre époque quaternaire, et il en a été de même pour toutes les espèces végétales et animales.

Aujourd'hui la transformation, c'est-à-dire l'évolution graduelle des espèces, ne fait pas plus de doute que la formation graduelle des étages géologiques, et il est d'évidence absolue qu'il y a eu des relations intimes entre les phénomènes de constitution de la couche terrestre sédimentaire et les diverses évolutions des végétaux et des animaux. Ce qui le prouve, c'est qu'à chaque période géologique disparaissent les espèces anciennes, qui sont remplacées par de nouvelles espèces qui disparaîtront à leur tour.

Ici se pose une intéressante question. Si les hommes

proviennent d'une même origine, du singe anthropoïde, par la graduelle transformation du cri animal en sons articulés, comment se fait-il qu'il existe différentes races et que les hommes ne parlent pas la même langue ?

L'explication en est simple : les hommes primitifs ne proviennent pas d'un même couple ancestral, à un même moment de la durée et sur un point précis de la terre. L'évolution a dû se faire progressivement en un long temps, sur tous les pays habités par les singes anthropoïdes et chaque groupement a imaginé, pour fixer les objets et les idées, des sons articulés, divers sons qui sont devenus des conventions au début des premières sociétés. Ce langage de l'homme primitif se modifia fréquemment suivant les modifications du larynx et du cerveau, et cela sur tous les points où se formèrent des groupements divers.

Il n'est pas plus extraordinaire de voir plusieurs races d'hommes que de voir plusieurs races de chiens ou chevaux, et il n'est pas anormal de ne pas rencontrer deux chiens absolument semblables.

Admettons donc que pendant une période géologique dont on ne peut fixer la durée, mais qui peut se traduire par des milliards d'années, s'est produite la transformation successive du singe anthropoïde en homme doué de la parole et que cette transformation a eu lieu sur un continent qui occupait la place de tout l'Océan Indien actuel. Pendant des périodes de durée dont notre imagination ne peut se faire aucune idée, les hommes préhistoriques se sont développés, se sont transformés, ont fait des migrations en rayonnant du point originel sur tous les contours et ont peuplé d'abord l'Asie méridionale, les îles de la Sonde, Madagascar et la partie sud-orientale de l'Afrique actuelle. De là, ils se répandirent sur toute la terre, passèrent sans laisser traces de leur histoire et c'est seulement en Égypte, en Assyrie, en Méso- potamie, que nous rencontrons des hommes ayant laissé les premiers monuments durables qui nous permettent de reconstituer quelques bribes de leur histoire, parce qu'ils ont inventé l'écriture Hiérogly- phique d'abord, Cunéiforme ensuite, puis Alphabé- tique, et qu'ils nous ont laissé des monuments en pierre dure, en argile cuite qui en ont permis la conservation jusqu'à nos jours.

Les Égyptiens écrivaient sur du granit, les Assy- riens creusaient leurs caractères cunéiformes sur des diorites ou les imprimaient dans de l'argile molle qu'ils faisaient sécher au soleil et qu'ils cuisaient ensuite au feu, comme nous cuisons la brique, et c'est à l'aide de ces monuments, que n'a pu détruire le temps et ses intempéries, que nous ont été trans- mises quelques notions sur ces sociétés primitives, qui commencèrent la culture de la terre, l'élevage et l'attroupement du bétail et donnèrent les premières notions de la civilisation.

C'est dans la partie de la terre qui part de l'Indus et va jusqu'à la Méditerranée que les hommes commencèrent à transmettre leur histoire, et ce sont ces premières notions qui permirent aux Grecs de s'élever à un degré de civilisation qui n'a été dépassée que depuis la découverte des lois de combinaison de la matière et de ses propriétés. Jusque-là les Grecs étaient restés nos maîtres et c'est sur les nombreux emprunts que nous leur avons faits, dans tous les genres, que repose notre civilisation actuelle.

Nous leur devons donc la reconnaissance qu'on doit aux ancêtres éteints.

Si nous suivons les mouvements de cette civilisation naissante, nous constatons que l'empire de Cyrus, roi des Perses, fut la première grande agglomération. Cet empire comprenait toute la partie de l'Asie qui s'étend du golfe Persique jusqu'à la Méditerranée et au golfe Arabique.

Darius y ajouta l'Égypte jusqu'à la Cérénaïque et Alexandre y annexa la Grèce. C'est de Persépolis, de Suze, d'Ecbatane, de Babylone, de Tyr et des villes de la Grèce que sont partis les mouvements civilisateurs qui ont eu sur l'avenir de l'humanité de si éclatantes répercussions.

De progression en progression, nous voilà arrivés au XX$^e$ siècle. Jusque-là les peuples ont vécu sous des données religieuses qui étaient nécessaires au maintien des principes d'autorité.

Aujourd'hui, la science intervient et déclare la guerre aux fictions du passé pour établir sur de nouvelles bases les organisations sociales. Le xxe siècle verra la lutte de la science contre les religions et l'affranchissement de l'humanité des gouvernements théocratiques.

L'évolution de l'espèce humaine se continuera encore des milliards d'années peut-être et la vie sur la terre disparaîtra par refroidissement.

L'âge de glace viendra paralyser toute vie végétale et animale et la terre continuera sa course dans l'espace sans que personne soit témoin de ses transformations.

Mais avant cette échéance, il est bon de faire de nombreux efforts pour amener l'homme à de meilleures conditions sociales, en sapant toutes les institutions qui procèdent du principe d'autorité, en établissant l'harmonie des peuples et la solidarité des hommes entre eux.

La science sous toutes ses formes aura raison de toutes les autocraties et par la Liberté, l'Égalité, la Fraternité, nous arriverons à réaliser ce programme des grands cœurs : faire le moins possible de malheureux sur la terre.

Il n'est pas besoin de religion pour motiver cette aspiration ; il faut que les institutions, l'instruction, l'éducation civique, les courants internationaux poussent les individus à faire le bien sans distinction de race, de nationalité, d'origine ou de religion.

Les hommes alors n'auront plus qu'une patrie, la Terre, et qu'un idéal : le bonheur commun. C'est la science qui vaincra toutes les mauvaises volontés des intéressés et amènera la réalisation de ce sublime idéal social.

Les premières aspirations des hommes en société ont été de se comprendre d'homme à homme d'abord et de transmettre ensuite à distance les idées émises sur un point déterminé. Les premiers essais ont été longtemps impuissants, aussi l'histoire de l'humanité ne remonte-t-elle qu'à quelques milliers d'années, tandis que l'incubation en a peut-être duré des milliards.

La grande révolution qui a permis le progrès de l'esprit humain a été la découverte de l'écriture Alphabétique et les Phéniciens en comprirent si bien l'importance qu'ils firent un dieu de Cadmus, son inventeur.

C'est depuis la découverte de l'écriture Alphabétique qu'on a pu enregistrer et transmettre les faits qui se passaient à distance et l'histoire ne commence réellement qu'à partir de cette découverte.

C'est en Phénicie qu'a été inventée l'écriture Alphabétique ; ce sont les Phéniciens qui l'ont propagée dans toutes leurs colonies commerciales et chez tous leurs voisins, et c'est ce moyen puissant qui permit aux Grecs de s'élever à un haut degré de civilisation et de nous transmettre leurs œuvres d'esprit.

Comment prit naissance l'écriture Alphabétique ? Les Phéniciens qui étaient en rapports constants avec l'Égypte basèrent leur alphabet en donnant aux lettres la forme des objets représentés par l'écriture hiéro- glyphique des Égyptiens et ils firent des associations de lettres des sons fixes pour représenter les objets ou les idées.

C'est ainsi que fut formée l'écriture Phonétique, c'est-à-dire des associations de lettres représentant des sons articulés de même que les notes musicales représentent des tons.

Les notes de la gamme, *do, ré, mi, fa, sol, la, si, do*, peuvent être comparées aux voyelles *a, e, i, o, u*. Les unes représentent des tons à différentes hauteurs, les autres représentent des phonations diverses qui, en s'associant aux consonnes, expriment des mots et des idées.

Guidé par l'organisation de l'appareil vocal et par ses propriétés, les inventeurs de l'alphabet aperçurent qu'avec les cinq voyelles on pouvait exprimer tous les sons articulés et qu'il n'y avait pas d'autres sons naturels ; en effet, toutes les voyelles qu'on a essayé d'y ajouter dans les langues dérivées ne sont que des superfétations.

Les Phéniciens fixèrent à dix-sept les diverses manières d'articuler ces sons au moyen de la gorge, du palais, des dents, de la langue et des lèvres, et ils inventèrent les consonnes.

L'alphabet phénicien se compose de vingt-deux lettres : cinq voyelles et dix-sept consonnes; le nombre des consonnes peut varier légèrement pour figurer des nuances. Notre alphabet français en compte vingt.

L'humanité douée de ce puissant moyen auquel est venue s'ajouter la découverte de l'imprimerie ne laissera plus tomber dans l'oubli une seule idée, une seule découverte; le savoir humain sera répandu sur toute la terre et ne disparaîtra que par la disparition des hommes.

Nous pouvons donc affirmer aujourd'hui que notre civilisation ne peut plus périr, que les découvertes de l'avenir dépasseront les découvertes passées, et les hommes d'aujourd'hui, témoins du progrès immense qui a été réalisé depuis un siècle, emporteront le regret de ne pouvoir assister aux découvertes de l'avenir. Ils se demandent ce qu'on pourra inventer qui dépasse les chemins de fer, le télégraphe, le téléphone, pour le rapprochement des distances; le gaz, l'acétylène, l'électricité, pour la facilité du chauffage et de l'éclairage; les aliments, les condiments, les poudres, les extraits, pour la simplification de l'alimentation, et ils voient déjà l'homme volant dans l'air et se nourrissant de produits fabriqués par les chimistes en combinant de cent manières diverses les éléments de l'air et de l'eau.

Il n'y a là rien d'utopique : ce sera la réalité de demain.

# Phénomènes de la Vie.

Qu'est-ce que la vie ?

La vie est une succession de phénomènes d'assimilations et de désassimilations qui se produisent dans les organismes végétaux et animaux, par des fluides circulant dans un ensemble de vaisseaux appropriés à chaque espèce.

L'entrave apportée au libre exercice de ces phénomènes constitue la maladie ; leur cessation, c'est la mort.

Les minéraux n'ayant pas de système circulatoire, ne présentent pas ce qu'on désigne sous le nom de phénomène de la vie.

*(Mineralia crescunt, vegetalia crescunt et vivunt, animalia crescunt, vivunt et sentiunt.)*

Les minéraux s'accroissent de l'extérieur à l'intérieur par accumulation de couches, les végétaux et les animaux s'accroissent de l'intérieur à l'extérieur par organisation de tissus.

C'est à l'air, à l'eau, à la terre et à ses produits que les végétaux et les animaux prennent tout ce

qui est utile à leur développement, et pour pénétrer
dans le courant circulatoire, tous ces produits doivent être dissous pour circuler dans des vaisseaux
capillaires et dans des vaisseaux lymphatiques d'une
finesse presque microscopique.

Comment se fait la pénétration dans les organismes des matières alimentaires?

Les végétaux trouvant dans l'air et dans la terre
à l'état fluide tout ce qui est nécessaire à leur
accroissement n'ont pas besoin d'appareil digestif ;
les animaux au contraire, ne trouvant pas dans la
nature, à l'état fluide, tout ce qui est nécessaire à
leur accroissement, ont besoin d'un appareil digestif qui a pour objet d'émulsionner les matières
grasses et de solubiliser les matières amylacées et
albuminoïdes qui ne peuvent entrer en circulation
qu'à ces conditions.

Voyons donc quels sont les conditions de circulation de la matière chez les végétaux et les animaux,
et aussi quelles sont les lois qui se déduisent des
faits observés dans les meilleures circonstances de
l'état physiologique, qui se différencie de l'état pa-
thologique en ce sens que l'un est l'état naturel
normal et l'autre l'état maladif ou anormal.

Chez les plantes, les deux portes de pénétration
des substances alimentaires sont les feuilles et les
racines.

Par les feuilles, la plante prend à l'air tout le

carbone dont elle a besoin, à l'état d'acide carbonique qu'elle décompose en retenant son carbone et
restituant un volume égal d'oxygène. Tout le char-
bon qu'on retire des végétaux provient de l'acide
carbonique de l'air; ainsi, sous l'influence de la
lumière et de la chaleur, l'atmosphère perd en
acide carbonique et s'enrichit en oxygène. Par les
racines, la plante absorbe à l'état de dissolution
tous les produits minéraux nécessaires à son développement, phosphate, carbonate de potasse, de
soude, d'ammoniaque et la faible quantité d'azote
que lui fournissent les nitrates et les sels ammo-
niacaux.

Ainsi, la plante s'alimente de substances fluides,
les transforme, en assimile une partie et rend,
comme produit de désassimilation, de l'oxygène à
l'atmosphère.

Les animaux, au contraire, ingèrent par l'estomac
des aliments solides, qu'ils fluidifient par la diges-
tion, pour en permettre la pénétration dans le sang.

Par les poumons, ils aspirent de l'oxygène, qui
circule dans le sang et oxyde les matières solubilisées par l'estomac. De cette oxydation, qui se fait
dans les capillaires généraux, résultent tous les
produits de désassimilation qui sont rejetés par les
poumons à l'état d'acide carbonique, par les reins à
l'état d'urée, par les glandes sudoripares à l'état de
butyrates, de valérianates.

Ainsi, les plantes absorbent l'acide carbonique de l'air et rejettent de l'oxygène ; les animaux, au contraire, absorbent de l'oxygène et rejettent de l'acide carbonique.

Les animaux solubilisent les matières alimentaires, les végétaux les absorbent solubilisées.

Les plantes sont fixes et n'ont pas d'appareil de locomotion, les animaux se déplacent.

Les plantes ne pensent pas et n'ont pas besoin d'encéphale, les animaux pensent et ont un cerveau.

C'est aux affinités chimiques qui se produisent, lorsque dans les dernières ramifications des artères et des veines les différents matériaux du sang se trouvent à l'état de division extrême, qu'est due la manifestation de la vie. C'est dans les capillaires généraux que se produit la chaleur animale, l'excitation musculaire, l'excitation cérébrale et toutes les manifestations des sens, dont nous sommes les acteurs et les témoins.

Le grand Lavoisier, quelques mois avant sa mort, décrivait tous ces phénomènes avec une précision qui n'a pas été dépassée depuis 1793 :

« Les végétaux, dit-il, puisent dans l'air qui les environne, dans l'eau, et en général dans le règne minéral, les matériaux nécessaires à leur organisation.

« Les animaux se nourrissent ou de végétaux ou d'autres animaux qui ont été eux-mêmes nourris de végétaux; en sorte que les matériaux dont ils sont formés sont toujours, en dernier résultat, tirés de l'air et du règne minéral.

« Par quels procédés la nature opère-t-elle cette circulation entre les trois règnes? Comment parvient-elle à former des substances fermentescibles, combustibles et putrescibles avec des matériaux qui n'ont aucune de ces propriétés?

« La cause et le mode de ces phénomènes ont été jusqu'à présent enveloppés d'un voile presque impénétrable.

« On entrevoit cependant que, puisque la putréfaction et la combustion sont les moyens que la nature emploie pour rendre au règne minéral les matériaux qu'elle en a tirés pour former des végétaux et des animaux, la végétation et l'animalisation doivent être des opérations inverses de la combustion et de la putréfaction.

« C'est dans toute l'étendue du canal intestinal que s'opère le premier degré d'animalisation, ou la conversion des matières végétales en matières animales. »

Les aliments reçoivent une première altération dans la bouche par le mélange avec la salive; ils en reçoivent une seconde dans l'estomac par leur mélange avec le suc gastrique; ils en reçoivent une troisième par le mélange avec la bile et le suc pancréatique.

7

Convertis ensuite en chyle, une partie passe dans le sang, pour réparer les pertes qui s'opèrent continuellement par la respiration et la transpiration; enfin la nature rejette, sous forme d'excréments, tous les matériaux dont elle n'a pu faire emploi.

Ainsi il est démontré expérimentalement que les végétaux et les animaux empruntent à la matière minérale tout ce qui est nécessaire à leur accroissement.

Voyons si à leur désorganisation, à leur mort, tout ce qui les constituait revient à la matière minérale.

Deux sortes d'aliments sont d'une façon presque absolue utilisés par les animaux pour leur alimentation : les substances ternaires et les substances quaternaires.

Les substances ternaires sont représentées par le type amidon. Les substances quaternaires par le type albumine. Les substances ternaires sont composées de carbone, d'hydrogène et d'oxygène; les substances quaternaires par du carbone, de l'hydrogène, de l'oxygène et de l'azote. Les substances ternaires sont essentiellement des éléments respiratoires; les substances quaternaires sont plus spécialement destinées à la réparation des tissus animaux. Les substances ternaires, par leur décomposition, produisent de l'acide carbonique et de l'eau; les matières quaternaires produisent de l'ammoniaque.

Ainsi, c'est avec des amidons et des blancs d'œufs que se fait tout le travail de combustion et de réparation dans les organismes animaux; les amidons produisent de la chaleur animale et sont expulsés de l'organisme par le poumon à l'état d'eau et d'acide carbonique; les blancs d'œufs servent à la confection des divers tissus et les résidus de leur combustion sont éliminés par les reins et la peau à l'état d'urée.

Nous retrouvons donc dans les produits de la désassimilation des corps offrant la composition ternaire et la composition quaternaire, comme nous l'avons constaté à l'introduction; seulement l'amidon a changé de forme en laissant à l'animal de la chaleur, et l'albumine s'est transformée en laissant à l'animal des fibres musculaires, des cellules cérébrales.

Poussons plus loin l'expérimentation et faisons brûler en les portant au rouge des matières ternaires et des matières quaternaires, nous constatons que les matières amylacées nous donnent de l'acide acétique composé de carbone, d'hydrogène et d'oxygène comme le produit de leur désassimilation, et que les matières albuminoïdes nous donnent du carbonate d'ammoniaque, c'est-à-dire un composé de carbone, d'hydrogène, d'oxygène et d'azote, comme nous les retrouvons dans l'urée qui a été rejetée de l'organisme par les urines.

Poussons encore plus loin l'expérimentation en faisant brûler un cadavre, et nous retrouvons tous les éléments qui ont été introduits dans l'organisme pendant la vie, et tous ces éléments retournent, sans la plus petite exception, à la matière minérale d'où ils sont partis.

Telle est la circulation de la matière dans l'organisme animal : elle y entre et elle en sort après avoir subi des transformations dues à des affinités chimiques, mais pendant son passage elle produit des activités musculaires et cérébrales qui sont les principales et les plus incroyables manifestations de la vie, puisque les unes produisent du mouvement et que les autres produisent de la pensée.

Il s'agit maintenant de démontrer expérimentalement que le mouvement et la pensée se produisent sous l'influence de la circulation du sang dans des organismes désignés sous le nom de système musculaire et de système nerveux, représentés par les muscles et le cerveau.

Les muscles constituent la viande rouge des animaux, la chair musculaire.

De même que la pomme de terre est formée de grains d'amidon accumulés, le muscle est formé de l'accumulation de fibres musculaires. Ces fibres sont des éléments histologiques, comme les grains d'amidon, et ont, comme les grains d'amidon, des propriétés qui sont propres à tous ces éléments. La plus curieuse de ces propriétés est la contractilité qui se produit dans chaque fibre, sous l'influence de la circulation sanguine. Ainsi chaque fibre musculaire peut se contracter sous l'influence de la circulation et la contraction de la totalité des fibres d'un muscle détermine un raccourcissement qui produit le mouvement, de même que, en sens inverse, un fil de caoutchouc s'allonge sous l'influence d'une traction. La contractilité est une propriété propre à la fibre musculaire et la preuve en a été faite expérimentalement.

Si on fait la ligature de l'aorte descendante d'un chien, tous les mouvements volontaires de l'animal sont abolis dans les membres postérieurs. Ces mouvements reparaissent avec leur première énergie dès que la ligature est enlevée et que le sang artériel se remet en circulation dans le muscle.

Il résulte des expériences de M. Longet que toute trace d'excitabilité disparaît en deux heures dans un muscle qui ne reçoit plus de sang artériel et qu'il suffit de permettre de nouveau l'afflux de ce sang artériel pour que, en quelques minutes, le muscle recouvre les propriétés de se contracter sous l'influence d'une excitation cérébrale ou électrique.

De nombreuses expériences ont prouvé que la contractilité musculaire est indépendante du système nerveux et qu'elle est due totalement aux activités chimiques qui se produisent par la circulation du sang artériel dans le muscle.

7.

Voilà un fait acquis et scientifiquement prouvé par mille expériences diverses.

Voyons maintenant comment se produit la pensée dans le cerveau. Comme la fibre musculaire, la fibre nerveuse est douée d'une activité propre qui se produit sous l'influence de la circulation du sang artériel dans le nerf, et cette activité se manifeste par la pensée sous toutes ses formes, mémoire, association d'idées, affectivité.

La mémorable expérience de M. Brown-Séquard est absolument démonstrative à ce sujet. Après de nombreuses expériences pour constater que la pensée, la réflexion étaient bien déterminées par l'influence des affinités chimiques qui se produisent dans le cerveau pendant la circulation du sang artériel, M. Brown-Séquard fit cette expérience mémorable : il avait dans son laboratoire un chien familier, qu'il élevait depuis deux ans et qui connaissait parfaitement sa voix. Un jour il étendit le chien sur la table de son laboratoire et, tout étant bien disposé pour l'expérience, il fit trancher d'un coup la tête du chien et la sépara du tronc; il attendit huit ou dix minutes l'arrêt de tout écoulement de sang provenant de la tête et il appela son chien : Néro! La tête du chien ne manifesta rien. Il fit faire alors, dans les artères carotide et vertébrale, une injection de sang qui s'était écoulé du tronc, et la tête, étant sous l'influence de cette circulation provoquée, il appela son chien : Néro!

Les yeux de cette tête séparée du tronc s'ouvrirent, se tournèrent vers lui, comme si la voix du maître avait été entendue et reconnue.

Bien avant Brown-Séquard, Legallois, après de nombreuses expériences, formulait cette conclusion :

« Il est hors de doute que, si on pouvait suppléer au cœur par une sorte d'injection et si en même temps on avait, pour fournir à l'injection d'une manière continue, une provision de sang artériel, on parviendrait sans peine à entretenir la vie indéfiniment dans quelque tronçon que ce soit ; et, par conséquent, après la décapitation on l'entretiendrait dans la tête elle-même avec toutes les fonctions qui sont propres au cerveau. Non seulement on pourrait entretenir la vie de cette manière, soit dans la tête, soit dans toute autre partie isolée du corps de l'animal, mais on pourrait l'y rappeler après son entière extinction. »

Voilà donc des faits scientifiquement et expérimentalement établis. La vie n'existe pas chez les minéraux, les phénomènes de la vie chez les végétaux et les animaux sont dus à la circulation des fluides dans les divers appareils circulatoires qui font partie des organismes végétaux ou animaux ; ces phénomènes se produisent sous l'influence d'excitants cérébraux, électriques, mécaniques.

Par conséquent, ce qu'on est habitué à appeler

l'âme chez les animaux n'est qu'une fiction qui est contredite par l'appréciation exacte des faits.

L'âme, c'est-à-dire le principe immatériel, n'est qu'une manifestation qui cesse dès que l'organisme est détruit, et de même que le mouvement cesse dans le muscle désorganisé, de même les manifestations cérébrales cessent dans le cerveau après la mort.

Donc un principe immatériel né survit pas à la désorganisation de l'appareil cérébral, donc l'âme n'existe pas.

C'est fâcheux, mais c'est ainsi.

# Mes Idées
## en Sociologie.

Tous les hommes de bonne foi, qui jugent les évé-
nements de notre époque et constatent les actes de
folie autoritaire commis à jet continu par nos gou-
vernants, sont d'avis que nos institutions sociales
sont la cause de tout ce désordre et qu'il faut qu'une
constitution républicaine mette les citoyens à l'abri
de toutes les fantaisies des hommes de pouvoir, quelle
que soit leur origine.

Lorsque la Constitution dira que le domicile des
citoyens est inviolable en dehors des flagrants délits
de crime et que c'est là une règle absolue, nous
verrons bien si nos députés ordonneront la violation
du domicile sous prétexte de détention de saccharine,
sous prétexte de fabrication de sucre, d'alcool, de
tabac on de cigarettes; nous verrons bien si nos
juges ordonneront la violation du domicile pour saisie
de marque de fabrique; nous verrons bien si les
juges d'instruction ordonneront la violation du domicile sous le prétexte de vérification de comptabilité,
de recouvrement d'impôt et mille autres fantaisies
qu'ils ne se permettraient pas s'ils étaient respon-

sables et si la loi protégeait les citoyens ; nous verrons bien si les employés de la régie seront auto-
risés, par une loi, à violer le domicile personnel,
industriel et commercial des citoyens, de jour et de
nuit.

Nous verrons bien si un chef de Laboratoire muni-
cipal pourra envoyer des hommes d'équipe saisir les
produits tenus en magasin chez des citoyens pour
les traîner en police correctionnelle et les faire condamner par des juges incapables d'apprécier les faits
et s'en remettant à des experts qui, presque toujours,
sont au plus offrant.

Lorsque la Constitution dira que tout juge est responsable et qu'il devra réparation du préjudice par
lui causé aux citoyens par de mauvais jugements,
nous verrons bien s'ils condamneront à la prison et
à la mort, avec la volubilité qu'on leur connaît.

Lorsque la Constitution dira que toute arrestation
illégitime pourra être repoussée par la force, nous
verrons bien si les sergents nous mettront aussi faci-
lement qu'ils le font la main au collet.

C'est donc d'une Constitution véritablement républicaine que nous devons attendre le repos et la
prospérité sociale, et s'il est un étonnement, c'est
que, depuis trente-cinq ans que nous sommes en
République, cette Constitution ne soit pas réalisée.

A qui en faire remonter la responsabilité ?

A une foule d'intrigants qui se disent républicains

sans l'être et qui ont tout intérêt à entretenir le désordre afin d'en bénéficier.

Il faut encore l'attribuer à ce que nos députés sont en général d'une ignorance absolue, par le fait d'une instruction viciée, car, il faut bien le reconnaître, nos lycées nationaux et nos collèges n'enseignent rien de pratique et tous les Français sont élevés pour devenir soldats, avocats ou curés, c'est-à-dire improductifs, parce qu'ils ne reçoivent qu'une instruction littéraire et qu'ils ne savent rien de la vie nationale et internationale et des données scientifiques.

Une Constitution bien faite établira les droits et les devoirs des citoyens, les députés ne devront plus faire de lois, ils devront être les surveillants de la bonne exécution de la Constitution et leur principale occupation sera de démolir les lois du passé qui en entraveront le bon fonctionnement.

C'est donc à formuler et à imposer cette Constitution que doit travailler le parti véritablement républicain, et le pays n'aura de repos que lorsque tout citoyen sera à l'abri du bon plaisir et des violences du pouvoir et pourra agir avec la certitude d'être dans la légalité et la plénitude de ses droits.

Je crois donc utile de formuler succinctement une Constitution véritablement républicaine, en pleine indépendance de situation et d'esprit, et je la fais précéder des raisons déterminantes qui en motivent les

grandes lignes, telles que l'impôt, l'instruction publique, la guerre, la justice, les cultes, les voies de
communication.

# L'Impôt.

Lorsqu'un commerçant ou un industriel a des frais
généraux qui dépassent ses bénéfices, il n'a qu'à suivre trois lignes de conduite : ou restreindre ses frais
généraux, si c'est possible, ou étendre ses affaires
en apportant un nouveau capital sans augmentation
de frais généraux, ou fermer sa maison, en liquidant.

Nos États européens ne sont pas dans la situation
d'un commerçant ordinaire ; ils ne peuvent pas restreindre leurs frais généraux, allez donc supprimer
les budgétivores ; ils ne peuvent pas étendre leurs
affaires autrement qu'en créant des colonies qui coû-
tent plus qu'elles ne rapportent ; ils ne peuvent que
liquider par la faillite de l'État ou faire appel aux
citoyens par un emprunt ou la création de nouveaux
impôts.

Faire un emprunt entraîne à la création de nouveaux impôts pour en payer l'intérêt ; c'est donc, en
dernière analyse, toujours à l'impôt qu'il faut recourir,
à moins que les citoyens ne puissent plus payer et
alors la faillite s'impose.

Pour que l'impôt fût d'un recouvrement facile, des
scélérats ont imaginé de frapper les denrées de con-

8

sommation alimentaire et, comme il faut manger, on paye l'impôt.

En dehors des impôts de consommation, ils frappent les personnes par des cotes personnelles, ils frappent le travailleur par des patentes, ils frappent la terre, ils frappent les chiens, les voitures, les chevaux, les vélocipèdes, le mobilier, les portes et fenêtres. C'est ce qu'on désigne sous la dénomination d'impôts multiples.

Il s'agit de remplacer ce système barbare par un système rationnel, en remplaçant l'impôt multiple par un impôt unique sur le capital et le revenu. Pour la perception de cet impôt, tout citoyen sera tenu de faire chaque année à la municipalité la déclaration de son capital et de son revenu et l'impôt sera perçu proportionnellement ou progressivement aux chiffres déclarés.

L'objection est que les déclarations seront inférieures au capital et au revenu réel. C'est une erreur, attendu que tout citoyen ayant le droit d'aller se renseigner à la municipalité, la déclaration établira une fiche de crédit, et nombre d'individus ont intérêt à exagérer plutôt qu'à amoindrir leur situation.

Tout individu ayant mille francs de revenu provenant soit de son capital, soit de son travail, ne devra pas d'impôt, cette somme étant strictement nécessaire aux dépenses d'existence, et pour ne pas contrevenir aux principes d'égalité sociale, tout citoyen, fût-il millionnaire, sera affranchi d'impôts sur les premiers mille francs provenant du revenu de son capital et de son travail.

Voici donc l'impôt unique constitué sur le capital et sur le revenu du capital et du travail.

C'est là l'impôt obligatoire pour tout citoyen de la République et pour tout étranger résidant sur le territoire de la République.

Mais comme cet impôt sera loin de parer à tous les besoins d'un état social compromis par ses dettes et par ses charges, il faut, temporairement, créer des impôts, dits impôts volontaires, auxquels pourra échapper tout citoyen qui n'aura pas le moyen de les payer. Il faut frapper d'impôts les choses nuisibles, puis les choses inutiles. Parmi les choses nuisibles, on peut citer le tabac, l'opium, l'alcool, l'absinthe et tous les apéritifs, les jeux, qui non seulement ne devraient pas être défendus, mais devraient être encouragés; parmi les choses inutiles, on peut citer les châteaux, les chasses, les voitures de luxe, les décorations, etc., etc.

Tout cela n'est pas indispensable à l'existence et l'individu qui n'aura pas le moyen de les payer s'en abstiendra au bénéfice de sa santé et de sa tranquillité.

Quel bénéfice en retirera la société ?

La diminution des frais de perception dans une mesure de 90 0/0 par la suppression des contribu-

tions directes, des contributions indirectes, des
octrois, de l'enregistrement, des droits de trans-
mission, etc., etc., et la paix pour les individus qui
ne seront plus sous le coup des multiples percep-
tions résultant de l'impôt multiple.

Tout ceci est tellement simple que ce ne sera pas
accepté par des assemblées de déséquilibrés qui
président aux destinées de la France.

Bien entendu, on réduira les frais généraux dans
toute la mesure possible et, en première ligne, on
supprimera le budget des cultes. Les églises seront
des salles de conférences communales aussi bien
religieuses que scientifiques, philosophiques, écono-
miques. Les clergés n'y auront rien perdu, puisque
les trois quarts du temps, les églises sont inutilisées
et la commune y aura gagné une salle de conférences
si nécessaire à l'instruction du peuple.

Voilà d'excellentes raisons pour légitimer l'impôt
tel que nous le proposons. D'abord, supprimer les
dépenses qui ne sont pas d'utilité absolue, supprimer
le budget des cultes et les charges communales qui
en ressortent, réduire le service militaire à une année
en organisant au chef-lieu de canton des exercices
militaires régionaux, supprimer les tribunaux dans
une grande mesure en supprimant tout ce qui dans
la loi organise les délits, supprimer le service de
poids et mesures en laissant les citoyens surveiller
leurs intérêts, etc., etc. Enfin, décharger l'État

de tout ce que l'individu peut faire mieux que lui.

Tout cela est très simple, mais sera difficilement
réalisé, parce que ceux qui font les lois sont des
capitalistes, des propriétaires terriens ou des salariés
de l'État, qui ont tout intérêt à maintenir le désordre
social dont ils bénéficient.

Il faut cependant espérer que l'étendue du mal
imposera le remède et que dans un temps donné, par
des influences extérieures ou par une évolution nor-
male ou une révolution, la réforme sociale pourra se
réaliser.

Dans une société, la question d'impôt est la question primordiale en ce sens que tout progrès est
impossible dans un pays obéré jusqu'à l'extrême
limite.

Allez donc supprimer les douanes lorsque les gou-
vernants spéculent sur la disette du blé français,
pour prélever des droits exorbitants sur les blés
d'importation ; allez donc supprimer les monopoles
du tabac et des allumettes, lorsque tout fait prévoir
de nouveaux monopoles sur l'alcool, les appareils
distillatoires, le sucre, etc., etc. Or, qu'est-ce que le
monopole? c'est l'antipode de la liberté, et la preuve
c'est que, dès que vous avez créé un monopole, vous
créez une armée de mouchards pour en surveiller
l'observation.

Voyez d'ici les effets de la monopolisation de
l'alcool : Sans discussion, tous les Français la consi-

déreront comme une infamie sociale, puisque toute loi qui porte atteinte à la liberté du travail est une loi infâme.

Tout Français se croira donc autorisé à fabriquer l'alcool nécessaire à sa consommation. Alors l'État, pour sauvegarder son monopole, autorisera la violation du domicile des citoyens, en donnant des primes aux violateurs et la société ne sera plus composée que de contrebandiers et de douaniers, en état de guerre permanent, et de dénonciateurs qui seront des pourvoyeurs que l'État récompensera à prix tarifé par dénonciation.

L'idée d'un pareil état social porte la révolte dans les esprits et l'on est étonné de l'audace de certains radicaux qui présentent ces projets à l'actif des réformes sociales démocratiques.

Les véritables démocrates doivent s'entendre et faire prévaloir :

1° L'impôt unique sur le capital et le revenu du capital et du travail ;

2° L'impôt appliqué transitoirement aux choses nuisibles à la société et inutiles à l'existence de l'individu.

# L'Instruction publique.

L'instruction publique doit-elle être un monopole de l'État ? Non !

Si l'État a le devoir de veiller à ce que l'instruction soit aussi répandue que possible, il doit laisser aux citoyens toute liberté de répandre l'instruction, car souvent, dans cette spécialité, les citoyens font mieux que l'État.

Le véritable rôle de l'État serait de constituer des jurys d'examen, qui, sous sa surveillance, délivreraient des brevets de capacité dans toutes les spécialités, aux individus qui voudraient faire constater leur savoir.

Il en devrait être ainsi aussi bien pour les médecins que pour les maçons, aussi bien pour les avocats que pour les dentistes, aussi bien pour les architectes que pour les bottiers, et tous les citoyens seraient libres d'aller puiser l'instruction où bon leur semblerait, sans être astreints à des inscriptions, à des stages, à des écoles et à des professeurs qui ne sont pas à leur convenance.

Que de rouages inutiles cette organisation supprimerait.

Tout individu pourrait se dire médecin, épicier, architecte, mais ce serait tromper sur ses titres que se dire diplômé de l'État, sans être réellement diplômé.

Le public n'a pas d'autre moyen de reconnaître la capacité d'un individu que de se faire communiquer le certificat qui le déclare compétent dans sa spécialité par une commission composée de sommités nommées par l'État, ce qui n'empêcherait pas de recourir aux non-diplômés assez heureux pour attirer la confiance par la renommée.

Tout ceci est absolument en accord parfait avec les idées de liberté.

# La Guerre.

Les services de guerre pour la défense générale du territoire national doivent être laissés à la collectivité. Il y a là à organiser une unité d'action qui ne peut être que collective. Mais les municipalités doivent avoir le droit d'assurer la sécurité communale en recourant aux citoyens de la commune qui ont tout intérêt à la conserver.

L'armée nationale ne doit être mise en activité que contre l'ennemi de l'extérieur et jamais contre les citoyens.

La guerre est une barbarie sociale qui a sur les peuples les plus néfastes influences et les pouvoirs publics doivent faire tous leurs efforts pour provoquer une entente internationale qui en atténuerait les désastreux effets.

Si rien n'est possible en ce sens, la guerre se fera, mais espérons que le vainqueur imposera au vaincu le désarmement absolu. C'est le seul moyen d'en avoir raison.

# La Justice.

La justice est rendue d'une abominable façon. Non seulement nos lois codifiées sont antisociales, mais nos juges, le plus souvent par défaut d'instruction, par manie, par folie, en font des applications qui révoltent les consciences et créent des animosités qui ont sur les relations sociales les plus désastreux effets.

L'expérience des hommes les plus sensés, et les plus désintéressés constate que neuf fois sur dix les jugements sont mal rendus. A quoi attribuer cette aberration des juges? A ce qu'on peut dénommer la folie du métier. Il résulte d'une juste appréciation des faits que les hommes qui se spécialisent à l'excès perdent l'idée juste des conditions sociales ; c'est un genre de folie qu'on peut désigner sous le nom de folie du métier. Les chefs de gouvernement, les ministres, les députés, les juges, etc., sont presque généralement atteints de la folie du métier et commettent souvent des actes d'autorité qui sont à l'envers de la saine raison.

Il y a, sans doute, l'attraction de la condamnation, comme il y a l'attraction du gouffre, et les gens chargés de condamner leurs semblables s'y laissent inconsciemment entraîner.

Comment parer à de tels abus ? En organisant des tribunaux civils, constitués par arrondissement, et en déléguant le pouvoir judiciaire à des citoyens pourvus d'un certain degré d'instruction et qui seraient chargés d'apprécier les faits et d'appliquer la loi. Ce serait le jury en matière civile et en matière correctionnelle.

Il faut encore que les juges soient responsables s'ils rendent de mauvais jugements. Le juge ne doit pas se tromper ; il ne doit prononcer une condamnation que s'il y a certitude absolue de culpabilité. S'il n'y a que présomption, il doit acquitter.

Il doit en être ainsi non seulement pour les juges, mais pour les procureurs, instructeurs, qui ont provoqué la condamnation.

Il faut encore que toutes les lois qui organisent les délits disparaissent de nos codes et que les citoyens ne soient plus exposés à être traduits en police correctionnelle, sans qu'ils aient pu se douter qu'ils commettaient une action contraire à la loi. Il faut que la circulation des personnes et des produits du travail soit sans limites et sans catégories, il faut que tout citoyen et par tous les temps puisse circuler aussi bien avec un gibier qu'avec un légume qui lui appartient, il faut enfin supprimer les lois qui ne sont que des pièges tendus pour y prendre les citoyens.

# Les Cultes.

Cette question est des plus faciles à trancher.

Ce n'est pas une question sociale et c'est une des plus hautes questions sociales de notre époque.

Tranchons-la en quelques lignes :

Liberté absolue de tous les cultes, quelque ridicules qu'ils soient.

Suppression de tout encouragement ou de toute subvention de l'État ou des communes à quelque culte que ce soit.

Défense aux citoyens de faire des vœux publics de célibat.

Application à tous les prêtres de toutes les religions des lois générales du pays.

# Voies
# de communication.

---

Il semble difficile d'enlever à l'État le service des grandes communications telles que chemins de fer, postes, télégraphes, téléphones, etc.

Cependant, toute concurrence doit être permise et l'on ne doit pas être frappé d'une pénalité parce qu'on aurait fait transporter une lettre en dehors de l'intervention de l'État.

L'État doit s'imposer en faisant mieux et en offrant plus de garanties que ses concurrents.

---

# Moi,
# Individualité sociale.

Dans une société, le travail social est réalisé par deux forces, la force individuelle et la force collective ou gouvernementale, l'État. Il est des choses qui sont du ressort de l'individu, d'autres qui sont du ressort de l'État; l'important est de tout mettre en place, de ne pas charger l'individu de ce qui ne peut être fait utilement que par la collectivité et de ne pas charger la collectivité de ce que l'individu peut faire mieux qu'elle.

Il est évident que les services de guerre ne peuvent être organisés que par la collectivité; il n'en est pas de même des services de religion qui ne relèvent que de l'individu qui peut prier chez lui ou dans des lieux de réunion, seul ou en commun, en se livrant en toute liberté aux pratiques qui lui semblent bonnes pour le salut de son âme.

L'État n'a pas à favoriser ou entraver l'exercice des cultes religieux et l'individu peut se livrer en toute liberté à des pratiques religieuses, quelque ridicules qu'elles puissent être.

Après avoir fait le triage parfait de ce qui incombe

9.

à l'État et de ce qui doit être laissé à l'individu,
voyons comment l'individu devra régler sagement la
direction de ce qui est livré à son initiative, à laquelle
l'État doit laisser une liberté absolue.

La première liberté qui doit être reconnue à l'individu est la liberté du travail et, comme conséquence,
la liberté d'association pour le travail. Si l'individu
ne se trouve pas suffisamment armé pour le travail,
il a le droit de s'associer à sa convenance pour un
apport de matériel ou d'argent, dans les conditions
stipulées entre les parties, sans que l'État intervienne
pour exiger des formules spéciales, des conditions
ou des publications prescrites par la loi; les associés
ne doivent de compte qu'à leurs coassociés et ont le
droit d'agir en toute liberté pour la rédaction du
contrat qui les lie.

Ce qu'il est urgent de démolir, c'est l'infâme patente
qui frappe les travailleurs, parce qu'ils sont dans la
nécessité de travailler pour vivre, et qui ne touche
pas l'inutile qui vit de ses rentes ou des rentes que
lui fait l'État.

Voilà donc l'individu libre de travailler, libre de
s'associer, libre de faire circuler le produit de son
travail, sans intervention ou formalité quelle qu'elle
soit de la part de l'État.

Avant d'entreprendre quoi que ce soit, l'individu
doit se demander si ses aptitudes, ses conditions physiques, sa situation pécuniaire, ses relations sociales,

son degré d'instruction peuvent lui assurer le succès, et c'est pour faciliter sa détermination qu'il doit, avant d'agir, s'inspirer de ces aphorismes formulés par divers penseurs de tous les temps et de tous les lieux.

## APHORISMES

Γνῶθι σεαυτόν
>    (Connais-toi toi-même)

Cognosce adversos
>    (Connais tes ennemis)

Concipe sane, fac et spera
>    (Conçois sainement, fais et espère)

Labora. Labor improbus omnia vincit
>    (Travaille. Un travail acharné vient à bout de tout)

Dulciter in modo, fortiter in re
(Très doucement dans la forme, très fortement dans la chose)

Principiis obsta
>    (Oppose-toi au début)

En toute chose il faut considérer la fin

❊

Il n'est meilleur ami ni parent que soi-même

❊

Ne compte que sur toi

❊

*Vœ solis*
(Malheur aux seuls)

Toutes les tendances sociales doivent converger
vers ce but : laisser à l'individu la plus grande somme
de liberté d'action et ne permettre à la collectivité
que ce que l'individu serait impuissant à faire mieux
qu'elle.

Nous constatons, malheureusement, qu'il n'en est
pas ainsi et que toutes les lois sociales tendent à
amoindrir l'individu pour augmenter la force de la
collectivité. C'est un contre-sens dont nous ressentons
les néfastes influences.

L'individu doit donc tout faire pour augmenter et
perfectionner sa somme d'action sans se préoccuper
des influences qui tendent à l'amoindrir ou à la paralyser, en se faisant cette conviction absolue que toutes
ces atteintes ne seront que passagères et que la raison, comme le clou qu'on enfonce, finira par faire son
trou.

Comment doit opérer l'individu ? Débarrassé de ces
promesses frauduleuses qui le font descendre d'un

être supérieur près de qui il retournera pour jouir d'une éternité heureuse ou malheureuse, suivant ses mérites ou ses démérites, l'individu ne doit avoir d'autre préoccupation que de soigner ses sens pour obtenir la somme des impressions physiques ou psychiques qui seules constituent le bien-être individuel et social.

Vous vous rendrez heureux et vous ferez le bien des autres si vos sens, qui sont les réactifs naturels, vous permettent d'apprécier le bien pour vous, et le bien pour vous sera le bien pour les autres qui sont constitués comme vous.

Quel plus grand bonheur pour l'individu d'un esprit élevé que de faire bénéficier tout ce qui l'entoure du bien-être qu'il a réalisé pour lui et qui se limite à une somme de besoin qu'il ne peut pas dépasser, sous peine de dépasser la mesure et de toucher à l'excès qui serait pour lui une souffrance.

Bien manger est bon, trop manger est une fatigue et le sage, pour ne pas se fatiguer, par égoïsme, distribue aux autres le superflu qui serait nuisible à sa personnalité et en retire la jouissance du bien qu'il a réalisé autour de lui.

Soignons nos sens pour apprécier les faits contingents avec la plus grande justesse d'esprit. Soignons le toucher, soignons le goût, soignons l'ouïe, soignons l'odorat, mais soignons surtout le sens psychique qui enregistre, analyse et synthétise les impres-

sions que lui rapportent ses serviteurs les autres
sens et en détermine les applications. Ces applications seront bonnes ou mauvaises, suivant la bonne
ou mauvaise éducation du sens psychique, et c'est la
raison des soins qu'on doit donner à son développement.

Comment, jusqu'à notre époque, ont été compris les
soins à donner au sens psychique. Épouvantablement
mal et le désordre social actuel est en grande partie
dû à la fausse éducation du sens psychique. La culture
du sens psychique doit porter sur la recherche du
beau et du vrai et la plupart de nos institutions
sociales reposent sur le faux et le laid. A quoi attribuer cette aberration? Sans contredit au principe
faux qui sert de base à la société, à l'idée de Dieu
de laquelle dérivent, sans qu'on s'en doute, toutes
les institutions qui régissent encore nos sociétés
modernes.

Heureusement, la science avance à grande vitesse,
ses fervents deviennent de plus en plus nombreux et
chacun de ses pas est une conquête sur l'esprit théo-
cratique qui reculera jusqu'à devenir une quantité
négligeable. N'attendons rien de la bonne volonté
des hommes; l'attraction du faux est plus puissante
que l'attraction du vrai, parce que le vrai est plus
difficile à percevoir, mais la science, continuant sa
marche, devient ce que sont devenues les religions,
une croyance universelle.

Alors disparaîtra la guerre, alors disparaîtront ces lois sociales insensées qui, après avoir organisé les délits, organisent la justice pour les réprimer. Alors disparaîtront ces luttes pour religion qui divisent les hommes et, périodiquement, font couler des flots de sang. Nous ne verrons plus les juges rendre la justice au nom de Dieu, nous ne verrons plus les prêtres excommunier de l'humanité ceux qui ne pensent pas comme eux. Nous ne verrons plus les souverains massacreurs d'hommes presque béatifiés par les représentants de Dieu.

Les hommes supprimeront les institutions qui les divisent et les éloignent pour ne se préoccuper que de celles qui les unissent, les rapprochent.

Ce n'est qu'après avoir longuement vécu et y avoir longuement réfléchi qu'on arrive à cette conviction que les religions font un mal immense aux sociétés, en créant la haine entre les peuples et en donnant l'empreinte de la divinité aux plus grands oppresseurs de l'humanité.

# Etudes sur la Matière.

*(Conférence faite au Cercle républicain du Berry par le docteur Brissaud.)*

MESDAMES,

MESSIEURS,

Le sujet que je vais avoir l'honneur de traiter devant vous est un sujet ingrat. Il ne peut que blesser vos croyances, vos aspirations ou votre amour-propre, il ne doit attirer sur son auteur que colères et calomnies. Mais, je me sens soutenu par un bras solide, le bras de la vérité scientifique, et je marche.

Messieurs, depuis que les hommes existent, deux problèmes ont constamment été l'objet de leurs discussions, et ces deux problèmes sont les suivants : 1º D'où vient la matière? 2º Que devient l'homme après sa mort?

Les spécialistes qui se livraient de préférence à l'étude de ces questions étaient désignés sous le nom de philosophes.

Arrêtons-nous un instant sur ce mot et voyons ce que doit être la philosophie.

Interrogez un philosophe et demandez-lui ce qu'il entend par le mot philosophie, il vous répondra : La philosophie est la science de la sagesse ; mais le philosophe est arrêté net lorsqu'on lui demande ce que c'est que la sagesse.

Pour moi, le mot philosophie n'a pas ce sens. La philosophie est la science du vrai savoir et le savoir de la véritable science ; or, il ne peut y avoir de science qui ne s'appuie sur la connaissance des lois de la matière.

Que valent tous les raisonnements de ces fameux psychologues moyen-âge, de Spinosa par exemple, traitant de la substance et de la cause, du panthéisme destructeur de toute personnalité et de toute liberté, à côté des preuves accumulées par ce savant chercheur moderne qui démontre expérimentalement que l'intelligence peut survivre dans une tête après sa séparation du tronc, et que ce qu'on appelle l'âme n'existe qu'autant que durent les phénomènes d'affinité chimique que détermine la circulation du sang dans le cerveau.

Donc, indiscutablement, le philosophe est le savant en sciences naturelles, et à ce titre je rejette de la philosophie tous les théologiens à quelque religion qu'ils appartiennent, qui ne connaissent que la théodicée.

Les philosophes Grecs, que leurs contemporains appelaient des sages, et à leur tête le grand Pythagore, l'inventeur de la table de Pythagore et de la fameuse démonstration de la valeur du carré de l'hypothénuse, étaient des naturalistes, et si Pythagore s'est surtout consacré à l'étude de la durée et de l'étendue, son idée de la métempsycose est la preuve qu'il ne négligeait pas l'étude de la matière.

Or, ce que Pythagore croyait de la migration de la matière, mais qu'il n'affirmait qu'à moitié par condescendance pour les idées de son époque, nous le croyons et l'affirmons aujourd'hui, non plus avec des preuves tirées des spéculations du raisonnement, mais avec des preuves absolues, tirées des données scientifiques, et nous pouvons dire que le premier des philosophes est celui qui a découvert la méthode chimique, le mode de combinaison des atomes matériels, la loi des corps en mouvement, le sublime Lavoisier.

A côté de Pythagore, un autre philosophe grec, le fondateur de l'école Ionienne, le sage Thalès de Milet, enseignait l'origine du monde et admettait comme principe matériel des choses, l'eau : or, la science moderne accepte aujourd'hui comme corps unique ayant engendré tous les autres, l'hydrogène, un des composants de l'eau.

A propos de Thalès de Milet, permettez-moi une digression, qui, si elle est bien comprise, peut être d'un grand enseignement :

Les Milésiens tournaient en dérision leur concitoyen Thalès et disaient : « A quoi bon la philosophie ? Voyez notre grand philosophe, il est plus pauvre que nous tous. Quel profit peut-on retirer de ses leçons ? » Thalès voulut leur prouver que si le philosophe n'était pas riche, c'était plutôt parce qu'il ne voulait pas que parce qu'il ne pouvait pas s'enrichir. Il avait découvert, par l'astrologie, que l'année suivante serait très fertile en olives et comme l'année précédente avait été désastreuse, il loua à très peu de frais tous les pressoirs de l'île de Chio qui est à deux pas de Milet. Tout se passa comme l'avait prévu Thalès et l'année fut d'une fertilité extraordinaire. La récolte venue, il sous-loua ses pressoirs aussi cher qu'il voulut et retournant vers ses compatriotes, il leur dit : « Vous voyez bien qu'on peut si l'on veut, s'enrichir par la philosophie. »

J'aborde mon sujet :

La science, tout l'ensemble du savoir, tout ce que peuvent les spéculations d'esprit, peut être catégorisé en deux grands embranchements : *la science de raisonnement et la science d'observation.*

*La science de raisonnement a pour objet l'étude de la durée et de l'étendue.*

*La science d'observation a pour objet l'étude de la matière.*

En dehors de la durée, de l'étendue et de la matière, il n'y a rien dans l'univers.

La *durée* a pour mesure le *nombre.*

L'*étendue* a pour mesure le *volume.*

La *matière* a pour mesure le *poids.*

Tout ce qui existe peut être encadré dans cette clas-

sification et s'il s'agissait de mettre à sa place la poé-
sie, par exemple, il serait facile de comprendre que c'est
la résultante d'une organisation spéciale et des conditions d'existence d'une certaine matière organisée.

Les anciens, chez lesquels on trouve tout à l'état
embryonnaire, avaient exprimé la même pensée sous
cette formule : *Deus omnia fecit pondere, numero
et mensura.* Dieu fit tout par poids, nombre et dimension. Qu'est-ce que le poids, sinon la mesure de la
matière ; qu'est-ce que le nombre, sinon la mesure
de la durée ; qu'est-ce que la dimension ou volume,
sinon la mesure de l'étendue.

La science de la matière, cette science toute
moderne à laquelle nous devons les immenses progrès sociaux réalisés depuis un siècle, est la science
chimique. La chimie est la véritable science de la
matière et de ses combinaisons. Les autres sciences
naturelles, la physique, la botanique, la zoologie, etc.,
ne sont que des sciences accessoires de la chimie et
ont pour objet l'étude des propriétés de la matière
classifiée d'après des organisations particulières. La
physique a pour objet l'étude des propriétés générales de la matière inorganique ; la botanique, l'étude
de la matière organisée sous la forme de végétaux ;
la zoologie, l'étude de la matière organisée sous la
forme d'animaux, etc. ; mais c'est toujours la chimie
qui est chargée d'étudier la constitution intime de la
matière sous toutes ces formes.

Abordons immédiatement le gros problème de la Pérennité ou de la Création de la matière et pour juger avec impartialité, détachons-nous pour un instant de tout le bagage d'une instruction première basée sur des données religieuses, qui, au point de vue scientifique, sont au-dessous de rien.

D'après les idées acquises, nous considérons volontiers la terre comme le centre du monde et l'homme comme l'être pour lequel le monde a été créé. Tout est faux dans ce monde de raisonnement.

Suivant les données les plus certaines de la science astronomique, la terre est une des planètes les plus infimes de l'étoile qu'on nomme le soleil, et tout nous porte à admettre que chacune des étoiles que nous voyons ou que nous ne voyons pas, est un soleil, centre d'un système planétaire exactement comparable au nôtre.

Nous voyons à l'œil nu un nombre considérable d'étoiles ou de soleils, centres de systèmes planétaires. Or, si nous aidons notre œil d'un télescope, nous en découvrons un nombre beaucoup plus considérable. Admettez que nous nous transportions en imagination dans l'étoile la plus éloignée, croyez-vous que nous n'apercevrons pas encore un aussi grand nombre d'étoiles ? Nul n'en doute et cela jusqu'à l'infini. Que sont ces étoiles, sinon des corps matériels peuplant l'étendue illimitée.

Ces corps matériels sont-ils composés comme la

planète qui nous sert de support ? Comment en
douter, puisque les aérolithes qui nous viennent soit
de planètes, soit de soleils, et que nous pouvons
analyser, ne contiennent aucun élément matériel que
nous ne trouvions sur la terre.

Donc la matière est la même dans tout l'univers.
Elle ne diffère que par ses différents modes d'agré-
gation et il est d'une probabilité qui approche de la
certitude que deux corps de composition et de forme
analogue n'existent pas dans les myriades de soleils
ou de planètes qui peuplent l'immensité.

Vous savez, Messieurs, qu'une idée généralement
admise est qu'il n'existe qu'un seul corps matériel
et que ce corps est le plus léger de tous les corps,
c'est-à-dire l'hydrogène gazeux. Tous les soleils ou
pour mieux dire toutes les étoiles seraient des globes
d'hydrogène gazeux en combustion à leur surface,
pour produire de l'eau par sa combinaison avec
l'oxygène, résultat d'une première condensation.

Or, Messieurs, cette hypothèse n'est pas de celles
qu'on ne puisse prouver et l'expérience suivante la
confirme : Voici un courant d'hydrogène que je retire
de l'eau. Je l'enflamme et si je recueille le produit
de la combinaison de cet hydrogène avec l'oxygène
de l'air, je recueille de l'eau.

Si, sous une forte pression, je fais arriver au même
trou de dégagement un courant d'hydrogène et un
courant d'oxygène, j'obtiens la plus grande somme

de chaleur et de lumière qu'on puisse produire, et je puis fondre à cette flamme les corps les plus réfractaires. Qui dit que dans d'autres conditions, je ne pourrais pas les volatiliser ? Qui dit que la lumière qui nous vient du soleil n'est pas le produit de cette volatilisation ?

Je n'irai pas plus loin dans cet ordre d'idées, de peur de vous fatiguer par une attention soutenue, et je passe à un autre sujet.

La matière peuple l'immensité.

La nouvelle preuve que j'en apporte est déduite d'un raisonnement.

Chacun sait qu'à côté d'un point de l'espace, on peut toujours, soit en avant, soit en arrière, placer un autre point et cela indéfiniment. C'est l'étendue infinie, c'est-à-dire l'immensité. Si l'imagination ne peut pas se bien figurer quelque chose sans limites, le raisonnement est affirmatif et déclare qu'il est impossible qu'il en soit autrement. Eh bien ! cette étendue infinie est totalement remplie de matières se faisant équilibre; sans quoi un vide existerait dans l'univers, et le vide est impossible. Or, comme l'étendue ne peut pas ne pas exister et qu'elle ne peut exister qu'à la condition d'être remplie de matière, la matière comme l'étendue est de durée indéfinie.

Vous voyez, Messieurs, que nous revenons à notre point de départ et que nous retrouvons les trois termes indispensables dans la constitution de l'univers : la *Durée*, l'*Étendue* et la *Matière*.

Toutes ces choses ne sont pas de compréhension facile, nous nous faisons difficilement une idée de l'infini, et c'est pour venir en aide à notre conception que les *Pasteurs de Peuples*, comme s'intitulent les tyrans, ont imaginé l'idée d'un Dieu créateur de la matière et que dans tous les codes religieux on débute par cet aphorisme : Dieu créa le ciel et la terre. Ceci dit, tout est dit, et dès lors que Dieu créa le ciel et la terre, il peut les anéantir, c'est-à-dire faire de rien quelque chose et de quelque chose rien. C'est ce qu'en langage sacré on appelle faire des miracles, et dès lors que la concession d'un Dieu créateur de la matière est faite, tout le reste va de soi.

Voyons maintenant ce que dit le grand juge, la science chimique, sur cette importante question. « Rien ne se perd, rien ne se crée. Il est aussi impossible de créer un atome matériel que de l'anéantir. « Rien ne vient de rien ; rien de ce qui existe ne « peut être détruit. » Ainsi parlait Démocrite.

Jusqu'à la découverte du troisième état des corps, de l'*état gazeux*, il était encore possible de croire qu'un corps matériel pouvait disparaître, bien que le plus simple raisonnement fît résistance. En effet, quand je prends une quantité de poudre coton, et que je l'enflamme, en apparence il ne reste plus rien que quelques atomes de cendres, et le corps a disparu. Il a disparu parce que les réactifs naturels et grossiers dont je dispose, les sens, n'ont pas pu suivre toutes ses transformations ; mais si par des moyens plus parfaits je recueille les gaz qui se sont formés, je n'ai nulle peine à constater, par la balance, que le corps primitif n'a fait que changer d'aspect et qu'aucun des éléments pesants qui le constituaient ne manque à l'appel.

Le bois, dans nos foyers, se transforme en cendres et en gaz, et si nous dosons exactement les éléments de sa décomposition, ce qui est de la dernière facilité, nous retrouvons intégralement, à l'atome près, son poids initial.

Je ne résiste pas au désir de vous exposer comment se fait le grand roulement de la matière, dans ce qu'on est habitué à appeler les trois règnes de la nature, le règne minéral, le règne végétal et le règne animal ; et je vous prie de me prêter toute votre attention.

En dernière analyse, tous les corps organisés se résolvent en corps inorganiques, et si nous prenons un cadavre, par exemple, et que nous le transformions en ses éléments par la combustion lente ou pourriture, ou par la combustion rapide ou crémation, nous détruisons son organisme et nous le réduisons à des éléments inorganiques solides ou gazeux. Les éléments solides reviennent à la terre et les

éléments gazeux vont à l'atmosphère. Que deviennent
ces éléments gazeux ? Ceux qui sont solubles dans
l'eau retombent sur la terre avec la pluie, soit avant,
soit après combinaison nouvelle, et ceux qui ne sont.
pas solubles servent à la respiration des animaux et
des plantes, pour entrer dans de nouvelles combinaisons. Si nous jugeons tous les phénomènes de
transformation au point de vue de l'homme, on peut
dire que la terre et l'atmosphère sont des centres
d'approvisionnement, que les plantes sont des appareils de synthèse qui prennent à l'atmosphère et à la
terre tout ce qui est nécessaire à la vie des animaux,
que les herbivores de toutes les espèces sont des
laboratoires appropriés à la transformation de l'herbe
en matière graisseuse et en chair musculaire et
qu'enfin l'homme est le consommateur chargé d'anéantir tout ce travail préparatoire, pour le traduire en
dernière analyse en œuvre d'intelligence et d'esprit.

Je pense avoir suffisamment démontré que la
matière n'a pas été créée, qu'il est impossible qu'elle
disparaisse, et que tous les phénomènes dont nous
sommes les témoins ne sont que des transformations
incessantes qui se produisent de façons diverses sur
tous les points de l'étendue, sans cessation de conti-
nuité et de durée.

Passons à un deuxième point qui a bien son intérêt :
La matière qui remplit l'espace est-elle unique ou
multiple dans ses éléments ?

A juger par les apparences, à juger par l'état actuel de la science, qui constate encore que plus de soixante-dix corps n'ont pu être décomposés et sont considérés comme corps simples, les éléments de la matière seraient multiples.

Le raisonnement dit qu'il n'en peut être ainsi et qu'il ne doit exister qu'un seul corps matériel.

En effet, quittons pour un instant la terre et son atmosphère gazeuse et transportons-nous par la pensée dans les espaces intersolaires qui séparent entre elles les étoiles. Le vide ne pouvant pas exister, quel est le corps gazeux qui peut bien remplir ces milieux? Tout ne porte-t-il pas à supposer que ce ne peut être qu'une combinaison nouvelle du corps que nous constations être à beaucoup près le plus léger de tous, le gaz hydrogène, dont les combinaisons si variées forment la plus grande partie des composés organiques que nous observons sur la terre. Rapprochons cette hypothèse de l'hypothèse si vraisemblable que les corps ignés, le soleil et les autres étoiles, sont des globes d'hydrogène en combustion à leur surface et nous n'avons nulle peine à admettre que les espaces interstellaires sont remplis de gaz provenant de cette combustion.

Tout porte à penser que l'hydrogène pur n'existe que dans ces globes stellaires, et la raison est que sitôt qu'il nous arrive d'en produire artificiellement, il tend toujours soit à se combiner, soit à se dissi-

muler. Un morceau de palladium, corps ayant l'apparence du platine, peut absorber, sans que son aspect
soit changé, huit cents fois son volume d'hydrogène;
et dans du platine à l'état d'éponge, on peut emmagasiner une telle quantité d'hydrogène que la température de ce corps s'élève au point de rougir,
exactement comme on enflamme un morceau d'ama-
dou en comprimant brusquement de l'air dans un
espace fermé.

A voir la variété des corps organiques qu'on peut
produire en combinant trois corps, l'hydrogène, le
carbone et l'oxygène, est-il ridicule d'admettre que
tous ces corps sont formés d'atomes d'hydrogène
diversement groupés? L'oxygène, par exemple, dont
un volume pèse huit fois plus que le même volume
d'hydrogène, ne pourrait-il pas être considéré comme
huit volumes d'hydrogène groupés diversement, et
condensés en un volume. La science de l'avenir fera
peut-être la preuve de cette hypothèse, et donnera
raison aux alchimistes qui cherchèrent avec tant
d'acharnement la transmutation des métaux, c'est-à-
dire le changement des métaux vils en or.

Avant d'aborder l'étude des propriétés de la matière, permettez-moi de vous parler succinctement de
la matière qui constitue la terre, de son mode de formation et de ses habitants, minéraux, végétaux et
animaux.

Les transformations incessantes de la matière,
que nous observons sur la terre, sont générales à
l'univers. Rien ne dure comme forme, pas plus pour
les soleils que pour les planètes, pas plus pour l'animal que pour la plante, pas plus pour les espèces que
pour les individus; ce qui existait hier n'existera plus
demain. Les formes changent, la matière est éternelle.

D'après la cosmogonie de Kent, à un moment
infiniment lointain dans la durée, tout l'univers était
un chaos gazeux. Les matériaux qui, actuellement,
sont à divers degrés de solidité, soit sur la terre,
soit sur les autres astres, étaient à l'origine confondus
en une masse homogène, remplissant l'univers et
maintenus à l'état d'extrème ténuité par une température excessivement élevée. Les millions d'astres,
groupés aujourd'hui en systèmes solaires, n'existaient pas encore. Ils naquirent par suite d'un mouvement général de rotation, pendant la durée duquel
un certain nombre de masses plus solides que le
reste de la substance gazeuse se condensèrent sur
elles et devinrent des centres d'attraction. Ainsi, le
nuage chaotique primitif, ou gaz cosmique, se par-
tagea en un certain nombre de nébuleuses sphéri-
ques, animées d'un mouvement de rotation. Notre
système solaire fut une de ces énormes nébuleuses,
dont les parties s'ordonnèrent et gravitèrent autour
d'un centre commun, le noyau solaire. Cette nébu-
leuse prit comme toutes les autres, en vertu de son

mouvement rotatoire, la forme d'un sphéroïde, d'une boule aplatie.

A des époques diverses, des anneaux gazeux se détachèrent de la région équatoriale de ce noyau solaire et par leur condensation constituèrent les différentes planètes qui circulent aujourd'hui autour du soleil.

Il arriva, pour les planètes, ce qui était arrivé pour le soleil : des anneaux gazeux se détachèrent de leur région équatoriale et constituèrent des lunes ou satellites. On en compte une pour la terre, quatre pour Jupiter, six pour Uranus. Aujourd'hui encore, l'anneau de Saturne nous représente une de ces lunes à la phase commençante de sa formation.

A un moment de la durée, la terre, provenant d'un anneau gazeux condensé, circulait donc autour du soleil, à l'état de globe incandescent en fusion.

Peu à peu sa surface se refroidit et la croûte terrestre se forma. Pendant que la vapeur d'eau se condensait à sa surface, la matière en fusion à l'intérieur déposait à la voûte les matières minérales d'après leur densité, et ce travail de solidification se continuera jusqu'au refroidissement total.

A mesure que s'éloignait le feu central, les végétaux d'abord, les animaux ensuite, apparurent sur la terre à l'état de premier organisme, provenant des matières inorganiques, et l'évolution des êtres organisés commença.

Ici vient prendre place l'intéressante question du *Transformisme* ou de la *Génération spontanée*. L'homme est-il apparu sur la terre tel qu'il existe aujourd'hui, ou bien est-il le résultat des transformations successives d'êtres qui l'ont précédé. Les travaux de notre grand philosophe naturaliste Lamarck et plus récemment les travaux de Darwin sont venus jeter un jour nouveau sur cette intéressante question.

D'après Darwin, toutes les espèces, aussi bien végétales qu'animales, proviennent d'ancêtres auxquels on peut remonter par gradation d'organisation jusqu'au point de départ, c'est-à-dire jusqu'à l'organisme primitif le plus simple, provenant de la matière inorganique. Cette théorie n'est pas une simple spéculation d'esprit, elle a pour base des faits d'observations minutieuses tirées soit de la Paléontologie, soit des transformations qu'on peut provoquer et qui se passent sous nos yeux.

D'après Darwin, le 18e ancêtre de l'homme serait un Singe Maki dont on trouve le squelette dans les îles de la Sonde. Puis, sont venus par transformisme, les singes cathariniens à queue, puis les singes cathariniens sans queue, comparables à l'orang et au gorille. Le 21e ancêtre serait l'homme pithécoïde, privé de la parole; puis enfin, le 22e, l'homme doué de la parole, appartenant à la race Papoue, qui habite l'archipel Malais. Les races Médi-

terranéennes ne seraient que des perfectionnements
de cette race.

Le genre humain descend-il ou ne descend-il pas
d'un seul couple ?

L'opinion du transformisme étant admise, le genre
humain descendant du singe anthropoïde, il est évident que cette évolution s'est faite lentement et que
tous les singes anthropoïdes ont subi en même temps
les diverses transformations d'organisme qui ont, en
fin de compte, amené l'homme le plus perfectionné
que nous puissions concevoir aujourd'hui. Admettre
que tous les hommes descendent d'un seul couple, ce
serait admettre qu'au début il n'existait qu'un seul
couple de singes anthropoïdes qui, sans mélanges,
sans croisements, dans le même milieu, à la même
époque géologique, s'est transformé sur place et sans
accidents d'évolution. Cela est aussi absurde que si
l'on affirmait que tous les chiens ou tous les chevaux
descendent d'un même couple ancestral, ou qu'il y a
eu un premier couple anglais, un premier couple
allemand, etc.

*Toujours chaque nouvelle espèce procède d'une
espèce préexistante, et ce lent travail de métamor-
phose embrasse une longue chaîne d'individus divers.*

L'idée d'un couple unique est une idée propagée
par la race Sémitique, dont les contes bleus, trans-
mis par Abraham, Isaac, Moïse, David, Salomon

et C$^{ie}$, servent encore de base à l'éducation vicieuse de la très grande majorité des Français.

Après l'exposé de ces larges idées générales, j'arrive à l'étude des propriétés de la matière, c'est-à-dire à l'étude des forces inhérentes à la matière, et je vous demanderai, aussi bien dans mon intérêt que dans le vôtre, une suspension d'attention de quelques minutes. Les entr'actes sont nécessaires lorsqu'on traite de sujets aussi abstraits.

### PROPRIÉTÉS DE LA MATIÈRE

Ce qu'on entend par propriétés de la matière n'est autre que la manifestation des forces, ou pour mieux dire, des activités propres à la matière. C'est donc mal s'exprimer que parler de la matière et de la force. La force est dépendante de la matière, c'est la constatation des activités de la matière sous ses formes diverses, la matière ne pouvant se comprendre sans une manifestation d'activité.

C'est l'affinité chimique, ou mieux la loi de combinaison des corps, qui produit tous les phénomènes qu'on désigne sous le nom de propriétés de la matière, c'est-à-dire que pas un des phénomènes qui se passent sous nos yeux ne peut se produire sans qu'il y ait combinaison chimique.

Précisons :

Le mouvement, la chaleur, la lumière, l'électricité,

la réflexion, la mémoire, la coordination des idées,
ne sont autre chose que des apparences qui révèlent
à nos sens des combinaisons chimiques qui, sans cela,
seraient par nous inaperçues.

Rien ne vaut les expériences pour bien fixer les
faits et je vais me permettre de faire devant vous
quelques expériences démonstratives de ces vérités.

Les forces, c'est-à-dire les phénomènes apparents
qui résultent des combinaisons chimiques et qui frappent nos sens, sont appréciables sous des manifestations diverses :

La couleur, la lumière, le mouvement, que nous
enregistrons par la vue ; la chaleur, la pression, que
nous enregistrons par le toucher ; le son, que nous
enregistrons par l'ouïe ; l'odeur et la saveur, que nous
enregistrons par l'odorat et par le goût ; les sentiments, les œuvres d'esprit, que nous apprécions par
l'intelligence.

Toutes ces forces peuvent se transformer les unes
dans les autres par raison d'équivalence, et avec une
certaine somme de chaleur, je produis une quantité
de mouvement qui me permet de reproduire la somme
exacte de chaleur employée à le produire. Je puis
aussi transformer une quantité de son en une quantité
équivalente de lumière et vice versâ, et nous pouvons
affirmer que, pour la force comme pour la matière,
rien ne se perd, rien ne se crée.

Je lance contre un obstacle en acier une balle de

caoutchouc. Cette balle, en raison de son élasticité, reviendrait exactement au point de départ, si la résistance de l'air ambiant ne s'y opposait pas.

Dans ce cas particulier, j'ai retrouvé tout le mouvement imprimé à la balle élastique.

Si, au lieu d'une balle élastique, je lance contre la même plaque d'acier une balle de plomb, je n'obtiendrai pas de mouvement de retour. La balle tombera près de l'obstacle. Que sera donc devenue la force initiale ? Elle sera transformée en chaleur et si je prends aux doigts la balle de plomb, elle me brûlera.

Vous savez, Messieurs, qu'à une époque, pour porter l'incendie dans des places assiégées, on lançait des boulets rougis au feu. Aujourd'hui, pour incendier les navires, on n'a plus recours à cet artifice. Lorsqu'on lance un boulet avec une grande vitesse sur la cuirasse d'acier d'un vaisseau, la chaleur développée par le choc est telle que le boulet rougit au point d'incendier la cale du navire dans laquelle il pénètre.

Les exemples sont indéfinis :

Dans un verre contenant de l'acide sulfurique étendu d'eau, je plonge une lame de zinc ; le métal est attaqué et il se forme du sulfate de zinc.

Dans ces conditions, l'affinité chimique détermine seulement de la chaleur et il est facile de constater que cinq équivalents de zinc ont produit 94 unités de chaleur.

Utilisons la même quantité de zinc dans une pile et fermons le circuit. Nous retrouvons dans ce fil dans lequel se produit un courant électrique les 94 unités de chaleur; mais si dans le circuit voltaïque nous intercalons une dissolution de sulfate de cuivre et poussons l'expérience jusqu'à ce qu'un équivalent de zinc soit dissous, nous obtenons la même quantité d'électricité, mais son activité a produit deux actions distinctes : elle a en même temps échauffé le fil et décomposé un équivalent de sulfate de cuivre. Le dégagement de chaleur n'est plus que de 64 unités et les trente autres unités qui manquent pour en représenter 94 ont servi à la décomposition d'un équivalent de sulfate de cuivre.

Appliquons la même quantité de zinc à faire mouvoir un électro-aimant. La quantité de chaleur développée sera inférieure à 94 unités, mais ce qui manquera de chaleur sera l'équivalent calorifique du travail mécanique produit par l'électro-aimant.

Il est d'une évidence absolue que dans tous ces cas la somme d'affinité chimique est restée la même pour produire tantôt une quantité déterminée de chaleur, tantôt un courant électrique se transformant tout entier en chaleur, tantôt un courant électrique produisant à la fois de la chaleur et un travail chimique, et enfin de la chaleur et un travail mécanique, et dans tous ces cas le travail produit est l'équivalent de la somme dépensée pour le produire.

Il en est de la matière organisée comme de la matière inorganique. Tout travail est le résultat d'une dépense d'affinité chimique.

Un exemple :

Les animaux hivernants, c'est-à-dire les animaux qui dorment quelques mois de l'année, les marmottes, par exemple, ont des pratiques qui, pour l'observateur, sont du plus haut intérêt.

Comme elles doivent vivre au dépens de l'approvisionnement graisseux qu'elles ont fait pendant la belle saison, elles calculent pour ainsi dire la profondeur et l'orientation de leur terrier, d'après leur embonpoint, de manière à ne dépenser pendant leur sommeil que ce qu'elles ont emmagasiné. Si elles sont très grasses, elles peuvent supporter un terrier moins profond, dans lequel les activités chimiques de la vie occasionneront une plus forte dépense ; si elles sont moins grasses, elles se logent dans des terriers plus profonds, plus éloignés de la chaleur extérieure, où l'air respirable est plus raréfié, où les activités chimiques de la vie sont moindres, en un mot où la dépense pour vivre est réduite à son minimum. Même l'exposition de leurs terriers est orientée dans ce sens qu'on vit moins vite au nord qu'au midi.

Si on compare leur poids initial au poids qu'elles ont après leur sommeil, en tenant compte du temps relatif pendant lequel il a duré, on constate que cer-

taines marmottes ont dépensé beaucoup moins que
certaines autres, ce qui signifie que les activités chimiques chez les unes ont été moindres que chez les
autres pendant le même temps écoulé.

Bien différentes des animaux qui dépensent de la
chaleur, les plantes ont pour principale fonction
d'emmagasiner de la chaleur et la chaleur qu'elles
emmagasinent est la chaleur du soleil, qu'elles restituent ensuite sous forme de combustibles, servant soit
à l'alimentation des foyers, soit à l'alimentation des
animaux. Avec de l'eau et de l'acide carbonique,
sous l'influence de la lumière et de la chaleur du
soleil, les plantes produisent de la cellulose, de l'a-
midon, des gommes, des sucres, des huiles, des
graisses, des résines, toutes substances combustibles qui, lorsqu'elles sont consommées ou brûlées,
restituent tout ce qu'elles ont emmagasiné de chaleur.

Le bois que nous brûlons dans nos foyers ne nous
rend en réalité que la chaleur empruntée au soleil
par la forêt qui l'a emmagasinée, pour la tenir à la
disposition de l'homme ; les plantes alimentaires ne
font qu'emmagasiner la chaleur du soleil qui se
transmettra par activité chimique aux animaux qui
les consommeront, et de tout cela il est facile de
conclure que le soleil est le seul excitant de la vie
sur la terre, que toute la chaleur que nous utilisons
vient du soleil et que la terre sera à l'état de repos
absolu lorsque le soleil sera complètement éteint.

Chez l'animal, les activités chimiques ne se manifestent pas seulement sous forme de mouvement et
de chaleur; elles se manifestent aussi sous forme
de pensée et, chose incroyable, c'est la pensée qui
demande la plus grande somme d'activité chimique.
Pour penser on a besoin de manger davantage que
pour se mouvoir et travailler physiquement.

La pensée est déterminée par les phénomènes
d'affinité chimique déterminés par le sang circulant
dans un organe spécial, le Cerveau. De même que
les glandes salivaires produisent par la circulation
du sang un liquide spécial, la salive; de même que
les glandes lacrymales produisent le liquide qui
constitue les larmes; de même que les glandes sudo-
rifiques produisent la sueur; le cerveau, par le fait
de la circulation du sang, produit tous les phénomènes psychiques que nous désignons sous le nom
de pensées et de sentiments, tels que la mémoire, la
coordination des idées, l'affectivité, etc., etc. La circulation du sang dans les muscles produit de la contractilité musculaire, la circulation du sang dans le
cerveau produit des phénomènes d'ordre immatériel,
qu'on désigne sous les noms d'Intelligence ou d'Ins-
tinct.

Permettez-moi de vous citer quelques expériences
que nous ne pouvons reproduire ici, en raison des
difficultés de la mise à exécution.

Si on opère la ligature des artères carotides et

vertébrales d'un lapin, on suspend toutes les fonctions cérébrales de la tête, sans que la vie cesse de se manifester dans le tronc de l'animal. *Le tronc supporte donc une tête physiologiquement morte.* Si après deux ou trois minutes on enlève les ligatures, la circulation se rétablit dans l'encéphale, les mouvements volontaires ou provoqués se rétablissent dans la tête et l'animal reprend son activité totale.

J'appelle, messieurs, toute votre attention sur une expérience capitale, pratiquée pour la première fois par le physiologiste Brown-Séquard, et qu'on peut reproduire dans tous les laboratoires :

Brown-Séquard avait dans son laboratoire un chien familier qui répondait au nom de Néro. Un jour, il fit couper brusquement la tête du chien, qui fut séparée du tronc et posée sur une table d'expériences. Après huit ou dix minutes, Brown-Séquard appela son chien : Néro ! Pas un mouvement ne se produisit dans la tête. Il commanda alors à son aide d'injecter dans la tête, par une des carotides, une partie du sang recueilli du tronc de l'animal, et la tête étant soumise à cette circulation, il appela de nouveau son chien : Néro ! Les paupières s'ouvrirent, les yeux de cette tête séparée du tronc se retournèrent vers lui, comme si la voix du maître avait été entendue et reconnue.

Quelle déduction devons-nous tirer d'un fait de cette importance? *Cette déduction absolue, que le travail psychique du cerveau est la résultante des phénomènes d'activité chimique qui se produisent dans cet organe.*

Résumons-nous : J'ai essayé, Messieurs, de vous démontrer que la matière éternelle circule de forme en forme et que les forces que nous constatons ne sont que les apparences des propriétés de la matière; j'ai essayé de vous démontrer que ces forces sont de deux ordres : forces mécaniques et forces psychiques, qui peuvent se transformer, même les forces psychiques, les unes dans les autres, par raison d'équivalence, sans que rien soit perdu; j'ai essayé de vous démontrer qu'il est impossible que la matière ait été créée et qu'il est impossible de l'anéantir.

Tirons des conclusions rationnelles de ces faits.

Vous ne m'en voudrez pas, j'espère, d'exprimer franchement devant vous mon opinion réfléchie sur cet être immatériel que, dans toutes les religions, on appelle le Créateur, et vous sentez déjà quelle opinion je vais émettre.

Une idée fausse, quand bien même elle daterait de la plus haute antiquité et serait répandue chez tous les peuples, doit être combattue si la science en démontre la fausseté, et parce que des sauvages croient à la divinité, ce n'est pas une raison pour que la science s'incline à jamais devant les idées fausses, quand même elles seraient profitables à l'humanité.

Mais, non, Messieurs, les idées fausses ne peuvent

bénéficier à personne et si nous faisons la somme
du mal produit par toutes les religions, dans tout
l'univers, nous trouvons qu'elle dépasse de beaucoup
la somme du bien.

Est-ce que, encore aujourd'hui, nous ne voyons
pas les pouvoirs autocratiques doublés de pouvoirs
religieux; les plus grands autocrates ne sont-ils pas
chefs de religion; l'empereur de toutes les Russies
n'est-il pas un pape infaillible; sa justice criminelle
ne rend-elle pas, comme chez nous, du reste, des
arrêts au nom de Dieu ?

Dès lors que les Autocraties se servent de cette
idée comme d'une arme pour se maintenir, les Démocraties doivent viser à un but tout différent et elles
seront dans la vérité absolue. Les Démocraties doivent combattre les mensonges qui se débitent sous
prétexte de religion, et si elles ne doivent entraver
la liberté d'aucun citoyen, elles ne doivent pas
employer la force sociale à protéger et à répandre
l'erreur.

Vous voyez, Messieurs, que cette conférence avait
sa place dans une réunion politique puisque j'en tire
ces conclusions : qu'il est indispensable de séparer
les églises de l'État, que l'État ne doit encourager
aucun culte, que les citoyens prêtres doivent supporter toutes les charges sociales, que les églises,
appartenant aux communes, doivent être des salles
publiques de conférences tout aussi bien scienti-

fiques, industrielles, commerciales, politiques que
religieuses.

J'irai plus loin : La loi doit être un obstacle à des
engagements contre nature ; elle doit protéger quel-
quefois les individus contre eux-mêmes, lorsqu'il est
évident que leur raison fait fausse route, et si j'étais
législateur, je ferais mes efforts pour introduire dans
nos codes cet article de loi : Les vœux publics de
célibat sont interdits.

Docteur BRISSAUD.

———

# ESSAI DE CONSTITUTION RÉPUBLICAINE

——

## RAPPORT

PRÉSENTÉ

à la Fédération des Cercles républicains des départements

à Paris

### PAR LE DOCTEUR **BRISSAUD**

——

12

CITOYENS,

Chargé par vous de formuler un programme qui établisse les droits et les devoirs des citoyens et serve de ligne de conduite aux mandataires du suffrage universel, nous vous soumettons le travail, résultat de nos efforts, et nous vous demandons de le faire précéder d'un exposé de motifs pour bien préciser nos raisons déterminantes.

Si nous avions été appelé à organiser une société nouvelle, si nous n'étions pas aux prises avec les erreurs et les préjugés d'un passé écrasant, si le degré d'instruction du pays était à une plus grande hauteur, si nous n'étions pas étreints par une Europe monarchique prête à réduire toute tentative hostile aux intérêts des classes autoritaires, si une longue éducation religieuse n'entretenait pas les hommes à l'état de haines permanentes, nous aurions formulé un tout autre programme; mais en présence de difficultés moins insurmontables peut-être dans les institutions que dans les esprits, nous avons dû rechercher d'abord les moyens les plus pratiques pour amener l'entente entre tous les citoyens Français, pour étendre cette harmonie à tous les groupes du continent Européen, pour arriver à organiser la lutte de la République contre les formes Monarchiques et préparer l'avènement et la fédération des Etats d'Europe.

Telle est, citoyens, la grande idée qui nous a guidé dans le travail que nous avons l'honneur de vous soumettre et nous pouvons la résumer en cette devise :

*Salus Republicæ, suprema lex.*

### A MESSIEURS LES DÉPUTÉS A L'ASSEMBLÉE NATIONALE.

Comme vous êtes le seul corps politique ayant une apparente validité, c'est à vous que nous soumettons cet essai de constitution républicaine.

Nous aimons la forme républicaine parce que nous sommes des hommes de liberté et que la République seule peut nous donner, et donner à nos concitoyens toute la somme de liberté compatible avec la conservation de l'ordre social.

Nous détestons la monarchie, parce que sous la monarchie nous serions fatalement avec le pouvoir ou contre lui, oppresseurs ou opprimés.

En République, nous nous soumettons à la loi que nous votons nous-mêmes ; en monarchie, nous nous révoltons contre la loi que nous impose une minorité oppressive.

Depuis douze années qu'a disparu l'Empire, sommes-nous en République ?

Non.

Le pouvoir social émane-t-il du peuple ?

Non.

Nous sommes encore régis par le Droit divin, c'est-à-dire par le pouvoir des plus forts par la naissance, par la richesse, par l'instruction et par la ruse. Pourquoi nous obligez-vous à payer ces frais de cultes que nous ne pratiquons pas, et à subventionner des religions qui sont pour nous l'étalage d'une fourberie sociale ?

Pourquoi nous forcez-vous à tuer nos semblables, nous qui sommes partisans de l'harmonie entre les hommes et des solutions arbitrales ?

Pourquoi nous prenez-vous subrepticement le plus clair de notre revenu pour pourvoir aux frais écrasants de dettes qui ne sont pas nôtres et que nous ne reconnaissons pas?

Pourquoi nous est-il défendu de vendre et faire circuler librement le produit de notre travail ?

Les exemples seraient infinis.

Essayons donc loyalement, Messieurs les Députés, de remédier à cette fausse situation, non pas en perdant le temps à remanier, comme vous le faites, les méchantes lois du passé, mais en formulant les lois de l'avenir.

La période révolutionnaire cessera en France, si vous le voulez, et sera remplacée par la période d'instruction, de calme et de liberté.

La première étape à parcourir est d'asseoir le

pouvoir et de remplacer l'ancienne et mensongère formule : « Tout pouvoir vient de Dieu », par la formule moderne et scientifique : « Tout pouvoir vient du peuple. »

Le peuple seul a le droit de déléguer l'autorité, et c'est parce que personne en France, pas même vous, n'a reçu son cachet, que tout ce qui se fait est frappé de flétrissure.

Comme les gouvernements personnels, la République doit s'appuyer sur un principe qui soit l'origine du droit, et ce principe, c'est la souveraineté du peuple ainsi formulée : « Tout pouvoir vient du peuple. »

Le peuple c'est le nombre élevant ses revendications contre les puissants de la conquête, de la naissance ou du privilège ; c'est le nombre affirmant sa souveraineté.

Le droit divin, principe des gouvernements personnels, étant aboli, toutes ses institutions, toutes ses lois, toutes ses réglementations abusives doivent fatalement disparaître, et, sur leurs ruines, doit s'élever l'édifice des lois de la démocratie.

Tracer ces lois, c'est établir les statuts constitutifs de la République formulés en trois mots par les hommes de notre grande Révolution : Liberté, Egalité, Fraternité :

La Liberté donnant à chacun le droit de faire tout ce qui n'est pas nuisible à la liberté d'autrui ;

L'Egalité, imposant à tous ce qui s'impose à chacun ;

La Fraternité, affirmant l'amitié entre les hommes et leur solidarité dans le besoin et le malheur.

Ouvrez donc au pays une nouvelle voie. Allez chercher l'origine du pouvoir chez le vrai dépositaire du contrat social.

Demandez au peuple, non pas de reviser une constitution faite par des gens sans qualité spéciale, sans mandat et sans dignité, mais de formuler une constitution par des mandataires spéciaux qui la rapporteront au peuple en lui demandant son approbation.

Cette constitution sanctionnée par le peuple sera l'origine du pouvoir, et tout citoyen qui n'y conformera pas sa conduite sera un mauvais citoyen.

## AUX CITOYENS FRANÇAIS

La majorité républicaine du pays, dont les tendances libérales s'accentuent en progression toujours croissante, ne doit plus hésiter à reconnaître que le mal dont nous souffrons depuis douze années tient à l'état d'indécision sociale contre laquelle on craint encore de réagir.

Elle ne doit plus hésiter à reconnaître que les changements de personnages sont impuissants à remédier à ce fâcheux état.

Un appel pressant doit être fait au patriotisme des députés et des sénateurs, qui, bien qu'on en dise, ont encore le cœur français.

La constitution de 1875 émanant d'une Assemblée sans mandat spécial, sans capacité et sans probité n'a pas à être réformée. Elle n'existe pas de droit, n'ayant pas été sanctionnée par le peuple.

Nous demandons, la majorité des Français demande qu'une Assemblée constituante, nommée au suffrage universel, formule les statuts constitutifs de la République française.

Ces statuts deviendront la constitution de la République et seront la raison des pouvoirs publics, après avoir reçu la ratification du peuple.

L'Assemblée nationale et le Sénat actuel n'ont nulle autorité pour limiter l'action d'une assemblée constituante dont la liberté doit être absolue comme le mandat.

Nous déclarons et, nous n'hésitons pas à l'affirmer, la majorité des Français déclare que c'est la seule mesure urgente qu'aient à prendre l'Assemblée nationale et le Sénat et que tout projet émanant de quelque ministère que ce soit doit être écarté, sinon comme travail nuisible, du moins comme travail inutile.

# UN VOTE A ÉMETTRE

L'Assemblée Nationale et le Sénat réunis en congrès décrètent :

Une assemblée constituante, chargée de formuler les statuts constitutifs de la République française, sera nommée dans toute la France, le 1er janvier 1884.

Elle sera élue au suffrage universel, par scrutin de liste, à la majorité des voix (le département ne formant qu'un seul collège électoral).

Le nombre des délégués sera proportionnel au chiffre de la population.

Cette assemblée se réunira le 1er février suivant et formulera, d'après les cahiers des électeurs, les statuts constitutifs de la République française.

Le travail de cette assemblée devra être terminé le 1er décembre de la même année.

Le 1er janvier 1885, le peuple français, à la majorité des voix (la France ne formant qu'un seul collège électoral), adoptera ou rejettera cette constitution par OUI ou par NON.

Après ce vote, si la constitution est sanctionnée par le peuple, il sera procédé à l'organisation des pouvoirs publics d'après cette constitution, sous la surveillance de l'assemblée constituante et sous la direction et la responsabilité des pouvoirs actuellement en activité.

L'assemblée constituante se dissoudra après l'application de la constitution par elle formulée.

## PRÉAMBULE

La Constitution de Février 1875, faite par une Assemblée sans mandat spécial, et promulguée sans avoir reçu la sanction du peuple, doit être déclarée sans valeur morale.

Tout député républicain doit immédiatement en demander l'annulation et provoquer la formation d'une Assemblée constituante nommée au suffrage universel et spécialement chargée de rédiger les statuts constitutifs de la République française. Chaque membre de cette Assemblée fera valoir le cahier des revendications de ses électeurs, et le travail total devra être soumis dans son ensemble à l'approbation du peuple français réuni en un seul collège.

Cette Constitution ratifiée par le peuple deviendra la Constitution de la République française, et les futurs délégués du peuple seront les membres d'un conseil de surveillance commis par le maître pour veiller, sous leur responsabilité, à la bonne exécution de la Constitution.

---

## OBJET DE LA CONSTITUTION

La présente Constitution règle les devoirs et les droits de tous les Français habitant la France ou ses colonies.

Tous les citoyens français sont tenus d'y conformer leur conduite.

---

## POUVOIR CONSTITUTIONNEL

Cette Constitution est déclarée perfectible.

Tous les cinq ans, une nouvelle Assemblée constituante, élue au suffrage universel, par scrutin de liste, à la majorité relative des voix (le département ne formant qu'un seul collège électoral), sera appelée à modifier ou à additionner la Constitution actuelle.

La durée de cette Assemblée ne pourra dépasser six mois.

La Constitution modifiée ou additionnée sera reportée au peuple, qui, à la majorité des voix (la France ne formant qu'un seul collège électoral), l'adoptera ou la rejettera par OUI ou par NON.

## RAISON SOCIALE

La Liberté individuelle de chaque citoyen ne pouvant se produire et s'exercer que sous un gouvernement impersonnel, la raison sociale de la collectivité formée par tous les Français sera : *République Française.*

---

## DEVISE NATIONALE

La devise sera : *Liberté, Égalité, Fraternité.*

La Liberté, donnant à chacun le droit de faire tout ce qui n'est pas nuisible à la liberté d'autrui.

L'Égalité, imposant à tous ce qui s'impose à chacun.

La Fraternité, affirmant l'amitié entre les hommes et leur solidarité dans le besoin et le malheur.

---

# STATUTS CONSTITUTIFS

## L'Homme social

### SES DEVOIRS ET SES DROITS

### ARTICLE PREMIER,

Tout citoyen a des devoirs et des droits naturels et impres-
criptibles, que la Constitution lui garantit et met hors de
toute discussion ou atteinte.

### ART, 2,

L'homme à l'état naturel est libre; à l'état social, il sacrifie
une partie de sa liberté.

A l'état naturel, il a droit à l'intégralité du produit de son
travail; à l'état social, il doit une partie du produit de son
travail à la société dont il fait partie,

### ART, 3,

Le travail est obligatoire pour l'homme en société.

13

### ART. 4.

Pour assurer son indépendance et sauvegarder la liberté relative que la collectivité lui reconnaît, l'homme a droit au travail. Un homme sans travail peut en demander à sa commune. En cas de manque de travail communal, un secours journalier et suffisant est dû par la commune pour parer aux besoins stricts de l'individu.

### ART. 5.

Tout homme a le droit de se livrer à quelque travail ou commerce que ce soit sans autorisation préalable. Il a le droit d'échanger librement le produit de son travail sans être frappé d'une contribution quelconque.

### ART. 6.

Tout père doit nourrir ses enfants mineurs; tout enfant doit nourriture, aide et protection à ses ascendants impuissants.

### ART. 7.

La société prend à sa charge tout individu incapable de travailler et n'ayant pas le moyen de pourvoir à son existence. Elle met sous sa protection tous les enfants abandonnés.

### ART. 8.

La liberté de circulation est absolue sur toute la surface du territoire national.

Tout citoyen a droit d'émigration s'il trouve trop lourdes les charges imposées par la société dont il fait partie.

## ART. 9.

La personne est inviolable en dehors des flagrants délits de crime.

En tout autre cas, il ne peut y avoir arrestation qu'à la suite d'une instruction judiciaire.

Une arrestation illégitime pourra toujours être repoussée par la force.

## ART. 10.

Tout individu poursuivi et déclaré innocent par les juges aura droit à une indemnité proportionnée au préjudice à lui occasionné.

## ART. 11.

Nul ne pouvant se mettre au-dessus des lois, tout fonctionnaire public ayant commis un acte illégal ou illégitime pourra être poursuivi.

## ART. 12.

La liberté d'exprimer ses opinions et de manifester sa pensée étant un des droits les plus précieux de l'homme, tout citoyen pourra librement penser, dire, écrire tout ce que bon lui semblera, sans avoir de compte à rendre qu'à la personne injuriée, diffamée ou calomniée.

Les injures, calomnies ou diffamations s'adressant à l'État, à des communes, à des religions, à des sociétés et en général à des collectivités, ne pourront être poursuivies, aucune per-

sonnalité n'étant en cause, et le droit de discuter des thèses
générales étant absolu.

## ART. 13.

Tout citoyen a le droit absolu de réunion, de pétition et
d'association sans autorisation, contrôle ni surveillance (1).

## ART. 14.

Tout individu, tout groupe a le droit de pratiquer quelque
religion que ce soit, en dehors de la voie publique, et de pro-
fesser tout mode d'instruction sans intervention ni surveillance de l'État.

## ART. 15.

La propriété étant la résultante d'un effort intellectuel ou
manuel, tout homme peut disposer librement de sa propriété,
sans redevance.

A sa mort, la distribution de sa succession sera réglée par
les lois d'impôts.

---

(1) Le mariage, c'est-à-dire l'association de deux individus de sexe
différent, rentre dans la loi générale d'association.

Il peut être contracté à temps, limité ou illimité.

Il peut être rompu par le libre consentement des deux contractants.

Il peut être rompu par les tribunaux sur la demande d'un des
contractants.

Un mariage rompu rend chacun des contractants libre de contracter un nouveau mariage.

Donc une loi spéciale réglant le divorce est inutile.

Il serait absurde d'empêcher deux associés qui se séparent de
contracter chacun de leur côté une nouvelle association.

## Art. 16.

Le domicile est inviolable en dehors d'un mandat spécial et motivé de l'autorité judiciaire.

La violation du domicile sous prétexte de surveillance ou de recouvrement d'impôt est interdite.

En aucun cas il ne peut y avoir violation de domicile la nuit.

## Art. 17.

Comme le domicile, la propriété est inviolable, hors les cas prévus par la loi.

## Art. 18.

L'instruction complétant l'homme et le rendant meilleur et plus éclairé, l'enfant aura droit à une instruction élémentaire et professionnelle d'un degré assez élevé pour que, arrivé à l'âge d'homme, il puisse juger sainement de son rôle dans l'humanité, de ses devoirs et de ses droits de citoyen et de ses rapports internationaux.

## Art. 19.

Tout père de famille doit instruire et moraliser ses enfants.

## Art. 20.

Il n'est pas de fonction publique à laquelle un citoyen ne puisse être appelé, s'il réunit les conditions exigées par la loi.

## Art. 21.

Tous les citoyens doivent obéissance aux lois.

La loi est égale pour tous, qu'on l'invoque ou qu'on la subisse.

Elle ne doit interdire que ce qui est nuisible au corps social.

## Art. 22.

Tous les citoyens sont solidaires du mal qui pourrait être fait à l'un d'eux.

## Art. 23.

La peine de mort étant un crime, la collectivité sociale, pas plus que l'individu, n'aura le droit de l'appliquer.

La loi ne reconnaît pas de colère légale.

Le seul droit de la société est de se préserver des criminels, en les mettant dans l'impossibilité de nuire.

## Art. 24.

Comme tous ces droits à la liberté, à la sécurité, à l'inviolabilité, à la propriété, aux fonctions publiques, ne seraient pas suffisamment garantis si le citoyen ne prenait pas la plus large part à l'élaboration des lois destinées à les lui garantir, il a le droit de vote pour choisir ses représentants, qui sont toujours responsables et révocables.

## Art. 25.

Tout citoyen est électeur à sa majorité, quelque position

sociale qu'il occupe et dans quelque lieu qu'il se trouve (1).

La loi ne pourra établir de limite d'âge à l'éligibilité; les électeurs sont seuls juges.

## ART. 25.

Pour la défense de sa personne, de ses libertés et de la patrie, tout citoyen a droit au port d'armes.

## ART. 26.

La guerre entre les hommes civilisés est déclarée barbare.

Jusqu'à l'entente qui amènera l'abolition des armées permanentes, tout citoyen valide devra l'impôt du sang pour repousser les agressions illégitimes.

## ART. 28.

Tout citoyen doit l'impôt d'argent pour parer aux frais de protection et d'administration de la société.

---

(1) Le droit de vote et d'éligibilité devra s'étendre aux femmes lorsque, par l'instruction nationale obligatoire, elles seront en majorité dégagées des préjugés religieux

L'ignorance des femmes et l'influence qu'exercent sur elles les fanatiques de toutes les religions feraient courir aujourd'hui un danger social, si ces droits leur étaient reconnus.

# Le Peuple

## SES DEVOIRS ET SES DROITS

---

### ART. 29.

Le peuple comprend tous les citoyens Français réunis en unité de Collège.

### ART. 30.

Le peuple, par ses délégués, prend part à la confection des lois.

Nulle loi fondamentale ne peut être promulguée sans avoir obtenu sa sanction.

Les statuts constitutifs, revisés ou additionnés, devront être ratifiés par le peuple.

### ART. 31.

Le Conseil National (voir page 166) propose la guerre; le peuple est seul juge de son utilité, et, par un vote spécial, il l'accepte ou la refuse.

Dès que la guerre est déclarée, tout citoyen valide a pour devoir de concourir dans toute la mesure de ses facultés et de ses forces à la défense de la patrie.

### ART. 32.

La Constitution est sous la sauvegarde de tous les citoyens.

Leur droit est de s'opposer à toute violation des statuts constitutifs.

## ART. 33.

Toutes les fonctions constitutionnelles sont électives.

Sont comprises sous la dénomination de fonctions constitutionnelles les fonctions de Conseiller Communal, Cantonal, Départemental ou National.

Toutes les fonctions électives doivent être rétribuées.

## ART. 34.

Le cumul des fonctions électives est interdit.

## ART. 35.

Des Jurys d'Examen, pour toutes les spécialités, seront organisés sur tout le territoire de la République, à l'effet de constater et de certifier le savoir spécial de tout individu qui en fera la demande.

Personne n'est tenu de faire la preuve d'un stage quelconque dans quelque école que ce soit.

----

## Loi Electorale.

----

## ART. 36.

Tout citoyen Français majeur, jouissant de ses droits civils, est électeur.

### Art. 37.

Une *carte de Citoyen* sera délivrée à tout électeur qui en fera la demande.

### Art. 38.

La carte de citoyen portera le lieu d'élection choisi par lui ; le lieu d'élection pouvant être changé à la discrétion de l'électeur, sous la condition de faire notifier sur cette carte, par les municipalités compétentes, la renonciation d'un côté, et la nouvelle option de l'autre.

### Art. 39.

Tout électeur est éligible à toutes les fonctions publiques.

## Administration générale.

#### 1° ORGANISATION INTÉRIEURE

Pour le bon fonctionnement de la Collectivité Sociale et l'exercice de la souveraineté des citoyens, le peuple Français se divise par groupes, ainsi qu'il suit :

1° La Commune ;
2° Le Canton ;
3° Le Département ou la Région ;
4° La Nation ou l'Etat.

# La Commune

## SON ORGANISATION, SES DEVOIRS ET SES DROITS

La Commune est la plus petite circonscription électorale et administrative.

——————

### Art. 40.

Les votes des citoyens se font au chef-lieu de la Commune.

### Art. 41.

La Commune est administrée par un Conseil Communal, nommé au suffrage universel (1) par scrutin de liste à la majorité des voix.

### Art. 42.

Le nombre des Conseillers Communaux est proportionnel au chiffre de la population.

### Art. 43.

La durée du mandat de Conseiller Communal est de deux années.

——————

(1) Lorsque l'Instruction Générale sera plus élevée et que les institutions Républicaines seront mieux assises, toutes les élections devront se faire par vote nominal à la majorité relative des voix, la Commune ne formant qu'un collège électoral.

Il en sera de même pour le Canton, le Département et la Nation.

Le renouvellement se fera par moitié.

## ART. 44.

Le Conseil Communal nomme son président, son secrétaire et tous les fonctionnaires rétribués par la Commune.

## ART. 45.

Le Conseil est en permanence. Il doit se réunir sur l'invitation de son président chaque fois que celui-ci en juge l'utilité ou sur l'invitation de la majorité des Conseillers.

## Art. 46.

Les séances du Conseil sont publiques.

## ART. 47.

Le Conseil Communal est chargé d'établir l'impôt Communal, en prenant pour base les lois constitutionnelles et les décisions du Conseil National, pour tout ce qui ne serait pas prévu par la Constitution.

## ART. 48.

Le Conseil Communal doit assurer la sécurité des citoyens et veiller à la sauvegarde de leurs Droits et à l'exécution de leurs Devoirs.

## ART. 49.

Il doit organiser des tribunaux de conciliation, donner du

travail ou des secours aux nécessiteux, installer des écoles
de commune et de hameaux, au double point de vue de l'instruction et de l'éducation, créer des asiles pour les malades
et les infirmes indigents et pour les enfants abandonnés.

## ART. 50.

La Commune pourra ouvrir sur son territoire toute voie de
communication d'intérêt local et exiger toute expropriation
pour cause d'utilité publique.

Enfin la Commune aura droit à toutes les franchises com-
patibles avec l'unité nationale et territoriale de la République.

## ART. 51.

La Commune doit proportionnellement à la population concourir aux frais généraux de la Commune, du Canton, du
Département et de l'Etat.

## ART. 52.

En cas d'insuffisance des ressources Communales, la Commune a droit aux subventions de l'Etat pour parer à ses frais
d'administration ou à des entreprises d'utilité publique.

# Le Canton

## SON ORGANISATION, SES DEVOIRS ET SES DROITS

Le Canton se compose de l'agglomération d'un certain nombre de communes limitrophes ayant des intérêts communs.

---

### ART. 53.

Le canton est administré par un Conseil Cantonal nommé au suffrage de tous les électeurs des communes agglomérées, par scrutin de liste à la majorité des voix.

### ART. 54.

Le nombre des conseillers cantonaux est proportionnel au chiffre de la population du canton.

### ART. 55.

La durée du mandat de Conseiller Cantonal est de deux années. Le renouvellement se fait chaque année, par moitié.

### ART. 56.

Le Conseil nomme son président son vice-président, son secrétaire et tous les fonctionnaires rétribués par le canton.

## ART. 57.

Le Conseil est en permanence, et doit se réunir sur l'invitation de son président chaque fois que celui-ci en jugera l'utilité, ou bien sur une invitation de la majorité des conseillers.

## ART. 58.

Les séances du Conseil sont publiques.

## ART. 59.

Le Conseil Cantonal est chargé d'établir l'impôt cantonal et la part afférente à chaque commune.

## ART. 60.

Le Conseil Cantonal s'occupe des intérêts de la collectivité cantonale, et décide des mesures générales intéressant cette collectivité.

## ART. 61.

Sont dans les attributions du Conseil cantonal : les services de relations et voies de communication ; les établissements d'instruction supérieure et professionnelle ; les conseils de conciliation judiciaire, les exercices et manœuvre de l'armée sédentaire, etc., etc.

## ART. 62.

En cas d'insuffisance des ressources cantonales, le canton a droit aux subventions de l'Etat, pour parer à ses frais d'administration ou à des entreprises d'utilité publique.

# Le Département

## SON ORGANISATION, SES DEVOIRS ET SES DROITS

**Le Département se compose de toutes les communes de la circonscription départementale.**

---

### ART. 63.

Le Département est administré par un Conseil Départemental nommé du suffrage des électeurs de tous les cantons, votant par unité de Collège Cantonal, au scrutin de liste, à la majorité relative des voix.

### ART. 64.

Le Conseil Départemental se compose de délégués des cantons proportionnellement au chiffre de leur population.

### ART. 65.

La durée du mandat de Conseiller Départemental est de deux années. Le renouvellement se fait chaque année, par moitié.

### ART. 66.

Le Conseil Départemental nomme son président, son vice-président, son secrétaire et tous les fonctionnaires rétribués par le département.

### Art. 67.

Le Conseil est en permanence : il se réunit sur l'invitation de son président chaque fois que celui-ci en juge l'utilité, ou bien sur invitation de la majorité des conseillers.

### Art. 68.

Les séances du Conseil-Départemental sont publiques.

### Art. 69.

Le Conseil Départemental établit l'impôt départemental et la part afférente à chaque canton.

### Art. 70.

Le Conseil Départemental s'occupe des intérêts de la collectivité départementale, et décide des mesures générales intéressant cette collectivité.

### Art. 71.

Sont dans les attributions du Conseil Départemental : les voies de communications départementales, les établissements d'instruction supérieure et professionnelle ; les établissements judiciaires, hospitaliers, ayant un intérêt départemental ; manœuvres d'ensemble de l'armée sédentaire ayant un intérêt départemental, etc., etc.

### Art. 72.

En cas d'insuffisance des ressources départementales, le département a droit aux subventions de l'État pour parer à ses frais d'administration ou à des entreprises d'utilité publique.

# La Nation ou l'État

## SON ORGANISATION, SES DROITS ET SES DEVOIRS

La Nation comprend l'universalité des Citoyens Français, tant en France qu'aux Colonies pacifiées régies administrativement,

---

### ART. 73.

La Nation est administrée par un Conseil National, nommé au suffrage de tous les électeurs de département, votant par unité de collège départemental, au scrutin de liste, à la majorité relative des voix.

### ART. 74.

Le Conseil National se compose des délégués des départements, proportionnellement au chiffre de leur population.

### ART. 75.

La durée du mandat de Conseiller National est de deux années, le renouvellement se fait chaque année, par moitié.

### ART. 76.

Le Conseil National nomme son président, ses vice-présidents, ses secrétaires, et tous les fonctionnaires rétribués par la Nation.

## ART. 77.

Le Conseil est en permanence, et se réunit chaque fois que son président en juge l'utilité, ou bien sur invitation de la majorité des Conseillers Nationaux.

## ART. 78.

Les séances du Conseil National sont publiques.

## ART. 79.

Le Conseil National est chargé d'établir l'impôt national conformément aux lois constitutionnelles. Il fixe la part afférente à chaque département.

## ART. 80.

Le Conseil National surveille la bonne observation des statuts consécutifs de la République; il a la direction des services de guerre, des grandes voies de communication, des postes et télégraphes, des relations extérieures, des établissements nationaux d'instruction, des établissements hospitaliers nationaux, etc., etc.

## ART. 81.

Il vote les lois d'intérêt général qui n'ont pas été prévues par la Constitution, sans jamais porter atteinte aux statuts constitutifs ou à leur esprit.

### Art. 82.

Tous les membres du Conseil National seront distribués en comités ou *Groupes*, qui se partageront la direction et la surveillance des divers services administratifs : instruction nationale, voies et moyens de communications nationales et internationales, guerre, justice, relations intérieures et extérieures, travaux nationaux, finances nationales.

### Art. 83.

Chaque *Groupe* nommera un ministre spécial, qui ne sera qu'un agent d'exécution sous la surveillance incessante du comité. Le ministre sera responsable de sa gestion.

### Art. 84.

Le ministre ne pourra jamais être pris parmi les membres du Conseil National, s'il n'est préalablement démissionnaire. Le ministre étant seulement l'agent d'exécution, le *Groupe* est le Conseil de surveillance ; et c'est lui qui rend compte au Conseil National, en séance publique, de la gestion de sa spécialité.

### Art. 85.

Chaque Comité National nomme à tous les emplois administratifs qui concernent sa spécialité.

### Art. 86.

Peuvent seuls être nommés à ces emplois : les citoyens

reconnus, en concours public, comme ayant la plus grande compétence physique, intellectuelle ou morale.

Cette mesure ne souffre pas plus d'exception pour la justice et la guerre, que pour tous les autres services.

---

## Lois d'Impôt

### 1° IMPOTS D'ARGENT

---

### ART. 87.

L'impôt, qu'il soit national ou communal, ne peut frapper que le *capital* et les *revenus.*

### ART. 88.

Chaque année, tout citoyen est tenu de faire à sa municipalité la déclaration de son capital, du revenu de son capital et du revenu de son travail.

Le quantum à prélever sera déterminé chaque année, d'après les besoins, par le Conseil National.

### ART. 89.

Le Conseil National devra faire tous ses efforts pour réduire les dépenses générales et tendre à faire payer l'impôt, volontairement, en frappant l'usage des matières nuisibles (le tabac, l'opium, l'alcool) et en le monopolisant ; puis les choses

15

de luxe, c'est-à-dire inutiles, telles que châteaux, forêts de chasse, jeux.

### ART. 90.

Tous les autres impôts, tant directs qu'indirects, sont abolis, aussi bien pour les villes et les communes que pour l'Etat.

### 2° IMPOT DU SANG

### ART. 91.

Le service militaire est obligatoire pour tous les Français, sans autre exception que les incapacités physiques sévèrement constatées.

### ART. 92.

La durée du service dans l'armée active sera d'une année au minimum, et au maximum de trois ans.

A la fin de chaque année, les soldats subiront un examen pour faire juger leur capacité dans le métier des armes. Ceux qui seront reconnus capables seront congédiés et feront partie de la réserve de l'armée active.

### ART. 93.

Nul ne pourra arriver aux grades qu'après être resté pendant le temps légal simple soldat dans l'armée active.

### ART. 94.

L'enseignement du métier des armes est obligatoire dans toutes les écoles publiques.

### ART. 95.

L'Etat ou les communes devront des secours aux parents nécessiteux d'un soldat, pendant toute la durée de son service dans l'armée active.

### ART. 96.

Lors d'une déclaration de guerre, le Conseil National procédera par élection à la nomination de Commissaires de guerre qui seront répartis dans les corps d'armées.

### ART. 97.

Les Commissaires de guerre auront mission de veiller au bien-être moral et matériel des soldats, de leur donner l'exemple du dévouement et de surveiller les commandements supérieurs (1).

---

## Services généraux

---

### SERVICES JUDICIAIRES

A partir de la promulgation de la présente Constitution, les codes et l'organisation judiciaires seront réglés d'après

---

(1) Les écoles de Saint-Cyr et Polytechnique, donnant lieu à une camaraderie oppressive de la part des officiers qui en sortent vis-à-vis des officiers qui n'en sortent pas, ces écoles doivent être supprimées, au moins en ce qui concerne les services de guerre.

les idées libérales qui régissent le nouvel état social des Français.

Devront prévaloir les solutions arbitrales, avec frais aussi réduits que possible.

Les tribunaux de conciliation devront être les plus étendus.

Le personnel judiciaire sera recruté comme tout autre personnel administratif, c'est-à-dire par le comité spécial du Conseil national.

---

## SERVICE D'INSTRUCTION PUBLIQUE

Les Communes, les Cantons, les Départements et l'Etat seront chargés d'ouvrir le plus grand nombre possible d'établissements d'instruction à tous les degrés.

L'enseignement dans les écoles de l'Etat sera toujours gratuit et laïque.

Dans les écoles primaires communales, il sera de plus obligatoire jusqu'à l'école de 2me degré.

Chaque commune devra établir des écoles de hameaux où sera donnée l'instruction primaire de 1er degré. Elle aura aussi, au chef-lieu de la commune, une école primaire de 2er degré.

Le chef-lieu de canton aura aussi obligatoirement une école primaire de 3me degré où sera donnée une instruction supérieure et professionnelle.

Le chef-lieu de département aura obligatoirement une école d'instruction supérieure.

L'Etat établira aussi des écoles pour les spécialités scientifiques et professionnelles.

Ces écoles seront réparties sur tout le territoire de la
République.

Il y aura des jurys gratuits d'examen, pour constater le
savoir des citoyens dans toute espèce de spécialité (1).

---

## SERVICE DE LA GUERRE

L'administration des services de guerre sera un monopole
de l'Etat.

L'armée française sera formée de tous les Français qui
n'auront pas atteint l'âge de 60 ans. Elle sera ainsi composée :

1° Armée active ;

2° Première réserve de l'Armée active ;

3° Deuxième réserve de l'Armée active ;

4° Armée communale.

L'armée active sera en permanence.

La première réserve de l'armée active, puis la seconde
seront successivement appelées au service actif.

L'armée communale ne quittera jamais la commune sans
le consentement de la municipalité.

---

(1) L'instruction primaire obligatoire est une violation de la
liberté. Toutefois cette mesure est nécessaire jusqu'à ce que les
parents, devenus suffisamment instruits, soient capables d'apprécier,
pour leurs enfants, les bienfaits de l'instruction.

L'armée active se composera de tous les jeunes gens ayant atteint l'âge de 20 ans.

La première réserve de l'Armée active se composera de tous les Français jusqu'à l'âge de 30 ans.

La deuxième réserve de l'Armée active comprendra tous les citoyens de 40 à 60 ans.

Nul ne pourra être exempt du service militaire que pour cause d'incapacité physique sévèrement constatée (1).

---

### SERVICE DES RELATIONS POSTALES, TÉLÉGRAPHIQUES ET TÉLÉPHONIQUES

L'Etat devra organiser sur tout le territoire national des services postaux télégraphiques et téléphoniques, dont il aura le monopole.

Le prix des lettres et dépêches sera, tous les ans, fixé par l'Assemblée Nationale, aussi près que possible du prix de revient.

Il en sera de même pour les tarifs de chemins de fer

---

(1) En République l'obligation au service militaire est une violation de la liberté individuelle.

Cette mesure ne peut être légitimée que par le besoin actuel de résister à des armées offensives qui sont à la discrétion de pouvoirs personnels dans tous les gouvernements monarchiques d'Europe.

Un désarmement général ne sera possible que lorsque l'Europe fédéralisée à l'exemple des Etats-Unis d'Amérique ne formera plus qu'un groupement Républicain.

(transport de personnes ou de marchandises) lorsqu'ils seront devenus la propriété de l'Etat.

---

## Lois anormales

L'Assemblée Constituante déclare qu'outre les lois normales qui sont l'expression de la justice absolue, elle est dans la nécessité de formuler des *lois Anormales* ou Révolutionnaires pour faire tomber des abus anciens, ramener à l'égalité sociale et faire justice de droits illégitimes bien que légitimés par d'anciennes lois.

Ces *lois Anormales*, dès à présent déclarées injustes, cesseront d'avoir leur effet dès que la raison spéciale qui les fait émettre aura cessé d'exister :

1° Instruction primaire obligatoire.

2° Service militaire obligatoire.

3° Dénonciation du Concordat ; suppression du budget des cultes, retour aux communes de la jouissance des presbytères et édifices religieux.

4° Suppression des congrégations religieuses.

5° Retour à l'Etat de tous les biens de main morte et propriétés appartenant à des congrégations.

6° Suppression de toutes les particules et noms ayant le caractère de titres de noblesse.

7° Suppression des décorations nationales, droit pour chacun de porter telle décoration que bon lui semblera pour l'ornementation de son costume.

8° Expulsion du territoire de la République de tout membre

des anciennes familles Royales ou Impériales ayant le caractère de prétendant.

9° Action de l'Etat contre tout individu des régimes anté-
rieurs s'étant rendu coupable d'un crime politique ou d'abus
de pouvoir ayant compromis la Nation.

10° Revision des contrats ayant porté atteinte à la société
pour fait de concessions iniques à des particuliers, compa-
gnies de chemins de fer, de mines, de canaux, de banques,
etc, etc, etc.

# CONSÉQUENCES DE CETTE CONSTITUTION

1° Suppression de la Présidence de la République.

2° Suppression du Sénat.

3° Suppression des Préfets et Sous-Préfets.

4° Suppression de la Justice administrative.

5° Suppression du Conseil d'État.

6° Suppression, dans un temps donné, de l'armée permanente.

7° Suppression, dans un temps donné, de l'Instruction par l'État.

8° Suppression des Contributions directes et indirectes, des Douanes, Octrois, Patentes, Timbres, etc.

9° Liberté de religion ; toute religion rentrant dans le droit général d'association.

10° Séparation des Églises et de l'État ; suppression du Budget des Cultes ; rappel au droit commun des membres de tous les clergés et de toutes les corporations administratives ; obligation du Service militaire.

11° Droit de Police revenant au Conseil communal.

12º Les Églises laissées à la libre disposition des communes.

13º Le mariage rentrant dans la loi générale d'association, c'est-à-dire réglé par la libre volonté des associés.

14º Impôt payé par les plus riches, proportionnellement à leur revenu.

15º Impôt prélevé non plus sur le produit du travail des vivants, mais sur le produit du travail des morts.

16º Suppression, dans un temps donné, du droit d'héritage, nul n'ayant droit qu'au produit de son travail personnel.

17º Droit de faire, de son vivant, tel usage qu'il plaît du produit de son travail, sans avoir à payer à l'État un droit d'échange exorbitant.

18º Droit pour les citoyens de renoncer aux charges sociales en renonçant aux bénéfices de la Société ; droit de se faire naturaliser citoyen d'un autre pays, sans être obligé de quitter le territoire de la République.

19º Réduction du service dans l'armée active à une année après examen de capacité.

# CONCLUSION

Nous croyons avoir fait une œuvre utile en livrant à la discussion un ensemble d'institutions Républicaines applicables à la collectivité Française en 1883.

Non pas que ce projet soit le type d'une véritable organisation Républicaine. Comment organiser une République quand nous sommes encore sous le coup des religions d'État, des armées permanentes, du service militaire obligatoire, des impôts de consommation, de l'instruction donnée par l'État, de la justice administrative, enfin d'une organisation qu'on dénommerait volontiers la Barbarie sociale ?

Comment organiser une République, quand un homme peut par pure fantaisie, par pari, par spéculation ou par folie, engager, du jour au lendemain, une guerre dont les conséquences sont incalculables.

Pour nous, la République idéale serait le règne de l'individu faisant la loi, l'appliquant en l'observant ; ce serait la fédération des groupes sociaux les plus restreints, exprimant leurs besoins, leurs aspirations et les moyens de les réaliser. C'est la République fédérative partant de l'individu, s'organisant dans la Commune, s'étendant à la nation et puis à l'humanité. C'est à cette fédération que nous devons aspirer ; mais les étapes sont longues encore à parcourir.

Pour le moment, en France, rien n'est possible qu'une République unitaire, c'est-à-dire une République qui enlève à l'État tout ce qu'il est possible de lui enlever, lui laisse tout ce qu'on ne pourrait lui retirer sans compromettre la collectivité sociale. C'est un tribut que nous payons au minotaure jusqu'à ce que l'Instruction nationale et internationale plus étendue permette de donner à large dose toutes les libertés.

Toutes les libertés sont solidaires. Il est impossible d'en donner une sans les donner toutes. La présente constitution réalise une première étape parcourue. L'avenir et la porte ouverte de la revision périodique feront le reste.

Voilà pour les avancés. Quant aux retardataires, aux satisfaits de l'ordre ancien et des anciens régimes, qui méconnaissent la vraie foi et jettent l'injure au soleil qui les vivifie, ne nous en préoccupons pas. Soyons les serviteurs du Droit, faisons faisceau de nos forces et marchons. La République Française bien comprise et bien conduite non seulement fera la conquête de ces aveugles et de ces fanatiques, mais celle des malheureux qui subissent encore l'autocratie et la dictature.

Nous clôturons cette Constitution en disant : Tout pour l'individu par la République.

Docteur BRISSAUD.

# TABLE DES MATIÈRES

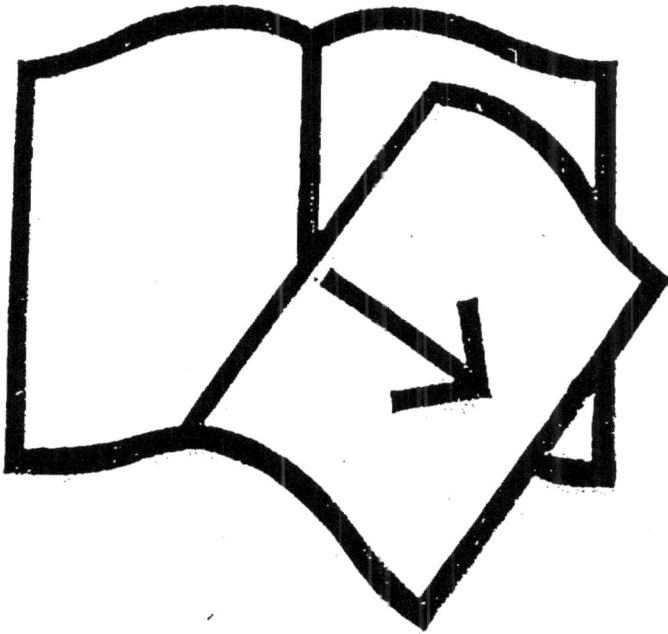

Documents manquants (pages, cahiers...)
NF Z 43-120-13

www.ingramcontent.com/pod-product-compliance
Lightning Source LLC
Chambersburg PA
CBHW072025080426
42733CB00010B/1814